Telmo Teixeira

Segredos Místicos Desvendados

LGE EDITORA

BRASÍLIA
2011

LGE Editora Ltda.
SIG Quadra 04 Lote 283 – 1° Andar
Tel.: (61) 3362-0008 – Fax: (61) 3233-3771
lgeeditora@lgeeditora.com.br
www.lgeeditora.com.br

Editor
Antonio Carlos A. Navarro

Autor
Telmo Teixeira

Projeto gráfico, diagramação e capa
Mara Rúbia Barros

Impressão e acabamento
LGE Editora Ltda.

Dados Internacionais de Catalogação na Publicação (CIP)

Teixeira, Telmo.
Segredos Místicos Desvendados . / Telmo Teixeira . – Brasília : LGE, 2011.
84p. 21 cm.

ISBN 978-85-7238-485-8

1. Religiões. 2. Movimentos espirituais modernos. I. Título.

CDU: 2
29

Agradeço ao Senhor DEUS Infalível CRIADOR do universo Único Ser Digno de Adoração e Veneração por toda inspiração para fazer este livro.

Prefácio

Abrindo este livro, você avistará o caminho para uma vida nova de prosperidade, paz, juventude, bênçãos espirituais e liberdade consciencial. Isso vai acontecer porque este livro lhe ensinará a utilizar em seu proveito - para a realização de todos os seus objetivos pessoais de renovação e as suas metas sociais de riqueza e sucesso - a força mais poderosa que há, que a tudo mais domina e controla e que, entretanto, é na maioria das pessoas esquecida e desprezada no subconsciente.

Revelada por este livro, você terá a chave para a entrada nesse reino maravilhoso cujas possibilidades não foram ainda inteiramente exploradas.

Nestas páginas preciosas, você encontrará algumas das palavras mais importantes e mais inspiradoras já impressas.

Saberá que o seu subconsciente tem um canal que poderá ajudar a transmitir vários poderes, um deles é o poder curativo que pode realizar verdadeiros milagres de boa saúde, renovado vigor e curas maravilhosas.

Compreenderá como o canal subconsciente poderá transformar toda a sua vida no seu trabalho incessante a seu favor, desde que seja encaminhado e dirigido corretamente.

Descobrirá que o seu canal subconsciente pode encher a sua vida das maiores bênçãos espirituais e dos mais sólidos benefícios materiais.

Aprenderá a orar dando novo sentido e maior força às suas preces, enriquecendo assim a sua vida espiritual e a sua compreensão dos homens e da sociedade, bem como do seu destino pessoal.

Paz de espírito, serenidade, riqueza, sucesso, poder mental, plenitude, felicidade e liberdade consciencial são as promessas magníficas deste livro, a partir do qual você será um homem ou mulher novo(a), a quem aconteceu esta coisa simples e imensa - a descoberta do canal subconsciente e da maneira de utilizá-lo.

Sumário

Respostas?

Por que um homem é triste e outro alegre? Por que um é feliz e próspero e outro pobre e desgraçado? Por que um homem é tímido e inseguro e o outro cheio de fé e confiança? Por que um mora em uma casa bela e luxuosa e o outro leva uma existência miserável numa favela? Por que um é sucesso espetacular e o outro um pobre fracassado? Por que um é notável palestrante e imensamente popular e outro apenas medíocre e impopular? Por que um homem é um gênio em seu trabalho ou profissão e o outro moureja a vida inteira sem nada fazer ou conseguir de valor? Por que um homem fica curado de uma moléstia considerada incurável e o outro não? Por que tantas pessoas boas e religiosas sofrem as torturas dos condenados em sua mente e corpo? Por que tantas pessoas ímpias e sem moral obtêm sucesso, prosperam e gozam de excelente saúde? Por que uma mulher é feliz no casamento e sua irmã frustrada e infeliz? Haverá respostas para essas perguntas neste livro? É mais que certo que sim.

Você pode encontrar as verdades fundamentais da mente e cosmos na linguagem mais simples possível. Creio que é perfeitamente possível explicar as leis básicas e fundamentais da vida e da espiritualidade na linguagem comum de todos os dias. O leitor verá que a linguagem deste livro é encontrada diariamente nos jornais e revistas que lê, é a mesma de suas conversas em casa e no trabalho.

Recomendo-lhe que estude este livro e aplique a sabedoria nele delineadas. Na medida em que o fizer – e disto estou absolutamente convencido – entenderá uma sabedoria capaz de operar milagres que o tirará da confusão, miséria, melancolia e fracasso, levando-o ao seu verdadeiro lugar, resolvendo suas dificuldades, libertando-o dos grilhões emocionais e físicos e colocando-o no caminho da liberdade consciencial, da felicidade e da paz de espírito. Essa sabedoria capaz de realizar milagres pode curá-lo de suas doenças e torná-lo novamente forte e vigoroso. Você abrirá a porta da prisão do medo e iniciará uma vida nova como a gloriosa liberdade dos filhos de Deus.

Ocorrem Maravilhas Quando Você Realmente Reza

A oração científica consiste na interação harmoniosa dos níveis consciente e canal subconsciente com DEUS, orientada cientificamente para um determinado propósito. Este livro ensinar-lhe-á o processo científico de penetrar no canal do poder infinito de DEUS, O CRIADOR, permitindo-lhe uma conexão, obtendo como dádiva aquilo que realmente deseja na vida. Você, certamente, deseja uma vida mais feliz, repleta de alegrias e riquezas. Comece a utilizar esse canal com DEUS e remova os obstáculos de sua vida cotidiana, resolva os seus problemas de negócios e promova a harmonia nas relações familiares. Leia este livro várias vezes. Os diversos capítulos irão mostrar-lhe como funciona esse maravilhoso poder e como pode extrair a inspiração e sabedoria ocultas que existem dentro de você. Conheça as técnicas simples de usar o canal subconsciente. Siga o novo processo científico de penetrar nesse celeiro infinito. Leia este livro com todo o cuidado, seriedade e paixão. Demonstre a si mesmo a surpreendente maneira pela qual pode ajudar-se. E assim poderá encontrar – e acredito que certamente o encontrará – o momento decisivo de sua vida.

Todos Rezam

Você sabe rezar eficazmente? Há quanto tempo não reza como parte integrante de suas atividades diárias? Numa emergência, nos momentos de perigo e dificuldades, em casos de doença e quando a morte está por perto, chovem as orações – suas e de seus amigos. Leia nos jornais, todos os dias se oferecem orações, no país inteiro, por uma criança acometida de uma doença considerada incurável, pela paz entre as nações, por um grupo de mineiros aprisionados numa mina inundada. Depois noticia-se que, ao serem salvos, os mineiros declararam que ficaram rezando enquanto aguardavam. Outra notícia que também se lê: "o piloto de um avião obrigado a um pouso de emergência declara que também rezou naqueles momentos difíceis". A oração constitui, certamente, uma ajuda sempre presente nos momentos de crise. Não se deve, porém, esperar pela dificuldade para tornar a oração parte integrante e construtiva da vida. As dramáticas respostas à oração fazem manchetes nos jornais e são provas da eficiência da oração. O que dizer das orações humildes das crianças, do agradecimento cotidiano antes das refeições, das devoções contritas em que o indivíduo procura apenas a comunhão com Deus? Meu contato com as pessoas levou-me a estudar as diversas maneiras de chegar-se à oração. Eu mesmo experimentei o poder da oração em minha vida. Conversei e trabalhei com muitas pessoas que também tiveram o auxílio da oração. O problema consiste, em geral, em dizer aos outros como devem rezar. Pessoas em dificuldades raramente conseguem pensar e agir racionalmente. Precisam de uma fórmula fácil para se orientar, um método que funcione e que seja simples e específico. Devem ser levados frequentemente a enfrentar a emergência.

A principal característica deste livro é o seu cunho eminentemente prático. Nele são apresentadas apenas técnicas e fórmulas simples e exequíveis, que podem ser facilmente aplicadas na vida cotidiana. Esses processos simples acometem homens e mulheres do mundo inteiro. E, recentemente, milhares de pessoas das mais diversas tendências religiosas apareceram com mais de milhares de perguntas respondidas pelo Messias, detalhadamente os pontos principais deste livro. Muitas vinham até de outros continentes para assistir ao MESSIAS. As características especiais deste livro irão atraí-lo, por mostrar os motivos pelos quais frequentemente se obtém o oposto daquilo porque se rezou. Pessoas de todas as partes do mundo já lhe perguntaram milhares de vezes: “Por que nunca obtive resposta às minhas orações?”. Nesse livro você encontrará as causas dessa queixa tão comum. As diversas maneiras de impressionar o canal subconsciente e obter as respostas certas, aqui expostas, tornam este livro de extraordinário valor e uma ajuda sempre presente nos momentos de dificuldade.

Em que você acredita?

Não é aquilo em que se acredita que traz uma resposta à oração do homem; a resposta à oração surge quando o canal subconsciente do indivíduo responde sem mais pensamento algum senão com o pensamento em Deus e oração expressamente dirigida apenas a Deus. Essencialmente, uma oração atendida é a realização do anseio do coração.

No desejo de oração

Todos desejam: saúde, plenitude pessoal, paz de espírito, alívio do medo, alívio da ansiedade, segurança financeira, satisfação, amor, liberdade, controle, sabedoria, felicidade, sinceridade, mas muitos falham na consecução clara de resultados definidos.
Os poderes que podem passar pelo canal subconsciente existiam antes que eu e você nascêssemos, antes que qualquer igreja ou mundo existissem. As grandes verdades eternas e os princípios da vida são anteriores a todas as religiões. É assim pensando que lhe recomendo, nos capítulos seguintes, que se aproprie deste poder maravilhoso, mágico e transformador, que cura as feridas mentais e físicas, salva as mentes temerosas e liberta completamente das limitações da pobreza, fracasso, miséria, privação e frustração. Tudo o que você tem a fazer, é unir-se mental e emocionalmente a tudo de bom que deseja personificar. E os poderes de Deus ligar-se ao seu canal subconsciente e responderão de conformidade com isso! Comece hoje, agora, deixe que ocorram maravilhas em sua vida! Persista, persista até que raie um novo dia e as sombras se dissipem.

> *"Virá tempo em que desejareis ver um dos dias do Filho do Homem, e não o vereis. E vos dirão: Ei-lo aqui, ou ei-lo acolá. Não vades, nem os sigais. Porque assim como o clarão brilhante dum relâmpago ilumina o céu duma extremidade à outra, assim será o Filho do Homem no seu dia."* (Lucas c.17 v.22 a 24)

Vozes Proféticas Sobre a Vinda do Messias

Ao longo do Torá e de outros livros da Bíblia, há profecias mencionando um tempo em que todas as promessas de Deus ao povo judeu seriam cumpridas, segundo as quais haveria uma mudança drástica da vida futura na Terra para melhor. Mais que isto, essa vida mudaria o curso da natureza.

> *"De suas espadas eles forjarão arados, e de suas lanças farão foices..."* (Isaías c.2 v.4); *"O lobo habitará com o cordeiro, e o leopardo se deitará ao pé do cabrito; o novilho,o leão e a ovelha viverão juntos, e um menino pequeno os conduzirá. O novilho e o urso irão comer às mesmas pastagens, e uma criança brincará em cima do buraco de uma cobra... Eles não farão dano algum, nem matarão em todo o meu santo nome, porque a terra estará cheia da ciência do SENHOR..."* (Isaías c.11 v.6-9).

Enquanto alguns interpretam estas profecias metaforicamente, outros as consideram no sentido literal da palavra. Segundo as profecias judaicas, aproxima-se a era de paz mundial e fraternidade, em que toda a raça humana conhecerá o verdadeiro CRIADOR e cooperará manifestando a glória da espiritualidade universal. Essa é a "***Era do Messias***". A definição do que significa esta Era, e quando irá começar, tornou-se um assunto de muita discussão em círculos judeus e não judeus. Especulações messiânicas e profecias não são coisas do passado. Pelo contrário, quanto mais nos aproximamos do alvorecer da nova era, mais profecias antigas estão sendo cumpridas. O tempo se aproxima em que a humanidade conhecerá seu destino coletivo.

Desde os dias de Charles Darwin existem debates aquecidos sobre a existência ou não do que se chama de evolução. A evolução física não acontece a esmo, é guiada pela mão de DEUS Todo-Poderoso. Evolução física não é nada mais do que a roupa mais externa de uma evolução psíquico-espiritual interna. A humanidade está assim seguindo seu caminho espiritual de evolução, teologicamente guiada pela mão do CRIADOR. Toda a história humana foi orquestrada para ensinar a todos os seus muitos membros a verdade da espiritualidade e da realidade de Deus. Esta fase da história humana culminará na vinda de um homem, e seu governo terá o poder e o sucesso para ensinar as lições necessárias que permitirão à raça humana mover-se rumo à próxima fase de evolução espiritual. Desnecessário dizer, este que está por vir será oposto por aqueles que não podem compartilhar sua emancipada visão de humanidade.

Nenhuma sociedade pode despertar para a liberdade de emancipação sem o despertar prévio de seus membros individuais. O período desse despertar foi há muito tempo profetizado e é chamado de *"Despertar do Messias"*. O próprio Messias nasce um homem e não é um Deus que vem de fora da humanidade. Ele nascerá e crescerá como qualquer outra criança humana. Ao longo da sua vida, ele será guiado por forças invisíveis que orientarão seu destino de acordo com as questões da humanidade coletiva. Este homem aprenderá ao longo da vida que sua essência é mais do que simplesmente ser uma pessoa comum e conduzir uma vida comum. Ele não só terá consciência de que é um ser e uma alma elevada, como também se tornará mestre de si mesmo. Pelo poder de seu ser interno e elevado conseguirá dominar as forças de seu ser físico, e assim dominará as forças da sua própria carne. O Messias será mestre da vida e da morte do espírito. Ele será *lorde* sobre toda a Terra e toda a existência física, através da evolução de sua alma que é guiada pela mão de Deus.

Este homem não dominará estas coisas somente para si, ele terá autoridade para ensinar as pessoas, homens e mulheres, judeu e pagão; conduzindo-nos todos a este nível elevado de consciência. Assim é ele chamado o Messias, o Redentor, o Emancipador. Ele emancipa a raça humana de nossa prisão ao reino da ignorância. O Messias não só irá estabelecer um governo de sabedoria que dominará o planeta, como também ensinará toda a humanidade a experimentar a realidade de DEUS. Com ou sem a cooperação do povo do mundo, o Messias ensinará ao mundo de dentro para fora. Ele começará influenciando a humanidade coletiva no nível inconsciente, preparando assim cada indivíduo para se dar conta de coisas que ainda se manifestarão. No tempo certo, o Messias se anunciará ao mundo. Ele será conhecido por aqueles que resistirão ao que ele acredita, mas será conhecido também por aqueles que esperaram a si e à sua mensagem por muito tempo. Por mais de dois mil anos profetas judeus predisseram os eventos que cercariam a vinda do prometido.

A estes mesmos profetas foram dadas inspirações sobre o que o Messias ensinaria; aos profetas foi facultado vislumbrar os eventos da história humana que está agora disparada e descontrolada e o que ainda virá nos encontrar, preparando-nos assim para acompanhar, após as turbulências, um mundo novo, a Era de Paz mundial.[1]

Vida e Natureza do Messias

Ao longo desses dois mil anos em que o Messias nos deixou sob a promessa de retornar, surgiram inúmeras conjecturas quanto ao período de sua vida dos 13 aos 30 anos (não registrado na Bíblia). O livro de Isaías nos fornece a pista-chave para decifrar este enigma: *"Eis que o SENHOR vos dará este sinal: uma virgem conceberá e dará à luz um filho, que se chamará Emanuel. Ele comerá manteiga e mel até que aprenda a rejeitar o mal e escolher o bem" (Isaías c.7 v.14)*. Considerando as variáveis de tradução (pois nas versões mais antigas da Bíblia, a exemplo da Bíblia de Jerusalém,está escrito leite coalhado, que é azedo, em vez de manteiga), a expressão *'comer manteiga e mel'* significa experimentar o doce e o azedo, as coisas boas e ruins de seu tempo, vivenciar os pecados do mundo conhecendo o bem e o mal, a fim de adquirir profundo conhecimento da natureza humana. Eis porque Cristo não é um mero repetidor de palavras; seu discurso é investido da autoridade de quem carrega a experiência pessoal, rico em essência e profundidade, longe do superficialismo dos que meramente recitam as Escrituras: *"Os ouvintes ficavam admirados com a sua doutrina, porque os ensinava como quem tem autoridade, e não como os escribas" (Marcos c.1 v.22)*. Consciente de estar enlameado pelos pecados do mundo, Cristo insistiu que João Batista o batizasse: *"Mas João opunha-se, dizendo: **Sou eu que devo ser batizado por ti, e tu vens a mim?** Jesus, respondendo, disse-lhe: Deixa por agora, pois convém que cumpramos assim toda a justiça" (Mateus c.3 v.14 e 15)*. ***Só então pousou sobre ele o Espírito Santo***. Cristo foi purificado no batismo e no jejum. Ao contrário do que pregam os pseudo-religiosos, ele é puro, mas não ingênuo. A escola pela qual ele passou, há dois mil anos e agora, foi a **Escola da Vida**. E essa escola rendeu-lhe, muito além de um título acadêmico, um atributo singular que está além das convenções terrenas e abrange todo o gênero humano: Cristo é **Educador de Almas**. E é nessa condição que ele retornou a fim de cumprir a nova etapa de sua missão na Terra, iniciada há dois mil anos. Eis por que compreender "O Messias" transcende a metodologia acadêmica, o entendimento meramente intelectual; é uma experiência que evoca intuição, inspiração, sentimento e sensibilidade mística, qualidades que marcarão a próxima etapa da evolução espiritual do ser humano.

Rabino Revela o Nome do Messias

Logo antes de morrer, em janeiro de 2006, um dos mais proeminentes rabinos de Israel, Yitzhak Kaduri, escreveu o nome do Messias em uma pequena nota. Seu último desejo foi que se esperasse um ano após sua morte para revelar o que escreveu. Na nota, o rabino revela que Jesus é o Messias, provocando reações adversas no meio judaico. Alguns meses antes de morrer aos 108 anos, **Kaduri surpreendeu seus seguidores quando lhes falou que conheceu o Messias.** Kaduri deixou uma mensagem na sua sinagoga no Yom Kippur (o Dia do Perdão) ensinando como reconhecer o Messias. Ele também mencionou que o Messias apareceria para Israel depois da morte de Ariel Sharon (o ex-primeiro-ministro, após sofrer um violento derrame, encontra-se em coma desde 2006). Segundo o neto de Kaduri, Rabino Yosef Kaduri, seu avô falou muitas vezes durante os últimos dias de sua vida sobre a vinda do Messias e redenção pelo Messias. David Kaduri, filho de Yitzhak Kaduri, confirmou que **o rabino, em seu último ano de vida, havia falado e sonhado quase exclusivamente com o Messias e a vinda dele.** "Meu pai conheceu o Messias em uma visão", ele disse, "e nos falou que ele viria logo". Eis os retratos espirituais do Messias segundo o rabino Yitzhak Kaduri, publicados nos sites Kaduri.net e News First Class:

> *"**É difícil para muitas pessoas consideradas boas na sociedade entender a pessoa do Messias.** A liderança e ordem de um Messias de carne e sangue difíceis de aceitar para muitos na nação. Como líder, **o Messias não seguirá nenhuma profissão, nenhum ofício, mas estará entre as pessoas e usará a mídia para se comunicar.** O seu reinado será puro e sem ambição*

pessoal ou política. Durante seu domínio, reinarão somente retidão e verdade".

"Irão todos acreditar imediatamente no Messias? Não, no princípio alguns de nós acreditaremos nele e alguns não. ***Será mais fácil para as pessoas não-religiosas seguirem o Messias do que para as ortodoxas****".*

"A revelação do Messias será cumprida em duas fases: ***primeiro, ele confirmará ativamente sua posição como Messias sem ele próprio saber que é o Messias*****. Então ele se revelará a alguns judeus, não necessariamente os sábios estudiosos da Torah.* ***Poderão ser até mesmo as pessoas simples****. Só então ele se revelará à nação inteira.* ***As pessoas se questionarão e dirão: 'O quê, este é o Messias?'*** *Muitos souberam o seu nome, mas não acreditaram que Ele é o Messias."* [1]

[1] Texto traduzido da obra em inglês: *Everything you Wanted to Know about Kabbalah but Had no One to Ask* (Tudo o que você queria saber sobre a Cabala, mas não tinha a quem perguntar) *Autoria: Rabbi Ariel Bar Tzadok*

Compreendenda a Diferença Entre Ressurreição, Ressuscitar e Reencarnar

A Ressurreição

A ascensão física ao céu do Filho de DEUS é um engodo dogmático, a pedra de tropeço da humanidade

Assim falou **INRI CRISTO**:

"Equivocadamente, durante séculos a humanidade foi ensinada que eu ressurgi de carne e osso e assim fui para o céu. Isso é um absurdo, um desvario pois, além de atropelar a lógica, é contra a eterna e natural lei de DEUS estabelecida no tempo de Adão *("Tu és pó, do pó tu foste tomado e ao pó retornarás" - Gênesis c.3 v.19)*. Na verdade, **eu ressurgi em espírito e assim apareci às pessoas.**

Mais uma vez torna se necessário estabelecer a clara distinção entre ressurreição, ressuscitação e reencarnação.

Ressuscitar significa retornar à vida física, reassumir o corpo que estava aparentemente morto, denominado pelos doutores como '**estado de catalepsia**'. Uma pessoa que aparentava estar morta e torna a viver ressuscitou, a exemplo de Lázaro e da filha de Jairo, há dois mil anos. "Eu havia dito que ambos estavam apenas dormindo" *(João c.11 v.11 e Marcos c.5 v.39)*. "Lázaro já estava no sepulcro havia três dias, **evidentemente expelindo um odor desagradável devido à falta de higiene**, e quando o chamei ele veio ao meu encontro" *(João c.11 v.1 a 46)*. A filha de Jairo igualmente ressuscitou quando eu disse em alta voz: "Levanta-te!" *(Marcos c.5 v.41)*. Agora, meu PAI, SENHOR e DEUS, através de minhas mãos e de minhas palavras, também operou notórios milagres.

Reencarnar é renascer fisicamente, recolher o corpo virgem vindo das entranhas de uma mulher. Dizem os ignorantes, órfãos da espiritualidade, que reencarnação é um termo exclusivo dos espíritas.

Ora, reencarnação significa renascimento físico, retornar à carne, e espíritas são todos aqueles que creem na existência do espírito, e não algum grupo de fanáticos isolados que porventura reivindiquem para si este termo. A reencarnação faz parte do contexto da lei divina e consta diversas vezes nas Sagradas Escrituras. Por exemplo: quando o anjo, falando do nascimento de João Batista, anuncia que o mesmo viria com o *"espírito e a fortaleza de Elias"*, ele está afirmando que João Batista era o profeta Elias reencarnado *(Lucas c.1 v.13 a 17)*.

Eu, quando me chamava Jesus, confirmei quando disse: *"Se vós quereis dar crédito, João Batista é o Elias que vós esperais" (Mateus c.11 v.13 a 15, Mateus c.17 v.10 a 13, Marcos c.9 v.11 a 13)*, pois nas Escrituras foi predito que antes do Messias devia vir o Elias *(Malaquias c.4 v.5)*. E ainda disse a Nicodemos que só nascendo de novo ele poderia ver o Reino de DEUS *(João c.3 v.3)*, pois sua cabeça estava repleta de fantasias e só nascendo de novo ele teria a chance de compreender os mistérios da lei divina.

Também falei aos discípulos, na última ceia, **que não beberia mais do fruto da videira até aquele dia em que o beberia de novo com eles no Reino de DEUS** *(Mateus c.26 v.27 a 29, Marcos c.14 v.24 e 25)*. Uma vez que, obviamente, espírito sem corpo físico não bebe vinho, eu só poderia tornar a bebê-lo reencarnado, renascido fisicamente. Certa ocasião, tendo sido curado um cego de nascimento, perguntaram os discípulos: ***"Mestre, quem pecou, este ou seus pais para que nascesse cego?"*** *(João c.9 v.2)*. Ora, como seria viável imputar pecado a um cego de nascença se não houvesse a possibilidade de infringir a lei em anterior encarnação? No Antigo Testamento, no relato do martírio dos sete irmãos Macabeus e de sua mãe, ao ser torturado, um deles disse:

> *"Do céu recebi estes membros, mas agora os desprezo pela defesa de suas leis, esperando que DEUS me tornará a dá-los um dia" (II Macabeus c.7 v.11)*.

Aí está clara a referência à reencarnação. Aliás, só à luz da reencarnação é possível compreender as desigualdades entre os seres humanos. Eu retornei, voltei à Terra, conforme havia prometido, através da perfeita, eterna e divina lei da reencarnação. **Eu que vos falo sou o Primogênito de DEUS, Adão, que reencarnei como Noé, Abraão, Moisés, David, etc.; Depois como Jesus e agora como Inri**. INRI é o meu novo nome, o nome que Pilatos escreveu acima de minha cabeça quando eu agonizava na cruz, quando cuspiam em meu rosto, quando me humilhavam, quando se cumpriam as Escrituras. INRI é o nome que custou o preço do sangue, *("Ao que vencer... escreverei sobre ele o nome de meu DEUS... e também o meu* ***novo nome****" - Apocalipse c.3 v.12)*

A lei da reencarnação não só está explícita na Bíblia como também fazia parte da doutrina cristã até o século VI, ocasião em que o imperador Justiniano, obediente a sua dominadora esposa Teodora (cortesã que se fez imperatriz), ordenou que a suprimissem da doutrina cristã, protagonizando um grotesco e lamentável erro histórico.

Ressurreição é o reaparecimento, a manifestação do espírito de alguém que desencarnou. Às vezes, num mesmo recinto, um espírito que ressurgiu pode ser visto por uma ou mais pessoas, todavia raramente por todos. **A silhueta que se apresenta geralmente corresponde à última imagem que a pessoa desencarnada deixou ao transcender para o plano cósmico, a última imagem impregnada no inconsciente coletivo.** Quando apareci a Tomé, entrei no recinto estando às portas fechadas, como bem relatam as Escrituras. Ao mostrar-lhe as marcas da crucificação, disse:

> *"Põe aqui teu dedo, vê as minhas mãos, Tomé... Tu creste, Tomé, porque me viste; bem-aventurados os que não viram e creram" (João c.20 v.26- 29).*

Mas Tomé não tocou as feridas, ele acreditou apenas ao ver. **Se ele tivesse tentado tocar as feridas teria deparado com o vácuo,porque era só o meu espírito que se via e estava presente.** Tomé não viu a imagem através de feixes luminosos que se refletiram e estimularam a retina de seus olhos. Antes, porém, ele contemplou meu espírito com o olho espiritual; a imagem formou-se diretamente em sua mente, no plano psíquico, como em uma visão. Outros que estavam presentes no mesmo recinto possivelmente não viram o mesmo que ele viu. Seria simplesmente inconcebível que, um corpo constituído de células atropelasse as leis da física e atravessasse de um lado a outro as paredes de um recinto só para agradar aos insanos que, delirando, baseiam suas vidas no engodo da fantasia e da mentira. Os cristãos, há séculos enganados na fé, estão impedidos de contemplar minha presença na Terra por acreditarem numa **lenda pagã que os sacerdotes traidores da causa divina transformaram em dogma.** Raciocinai, meus filhos, removei essas abominações que vos impuseram, andai com vossos pés no chão, despertai para a realidade! Como eu poderia ter subido ao céu de carne e osso se lá não existe ar para respirar nem nutrição para sustentar um corpo físico e a temperatura confina zero absoluto, ou seja, 273°C negativos? Além disso, teria subido nu, posto que os soldados romanos sortearam minhas vestes entre si *(João c.19 v.23 e 24)*. Na verdade, enquanto os soldados romanos desguarneceram a vigília, ou seja, dormiram *(Mateus c.28 v.13)*, o SENHOR mandou servos fiéis recolherem meu corpo *(Mateus c.27 v.55-56; Marcos c.15 v.47; Lucas c.23 v.55)*, cobri-lo com novos lençóis e escondê-lo numa sepultura anônima, a fim de que cessasse a ultrajante sessão de escárnios e deboches que perdurava, mesmo depois da crucificação e consequente desencarnação. Após este evento, eu reapareci unicamente em espírito e por isso "**entrava nas casas estando às portas fechadas**" *(João c.20 v.19 e 26)*, ou então "**incorporado no físico de outrem.**"

A caminho de Emaús, dois discípulos falavam sobre minha crucificação com um forasteiro e não enxergavam que na realidade era eu quem estava caminhando com eles. Tendo declinado o dia, convidaram o homem para cear, e "**só na hora de partir o pão, pela minha forma peculiar é que me identificaram**" *(Lucas c.24 v.13 a 35)*. Eu vos pergunto, meus filhos: tendo os discípulos convivido comigo durante tanto tempo, por acaso não me teriam reconhecido se eu estivesse usando o mesmo corpo que tinha antes da crucificação, até porque seriam notórias as feridas? É óbvio que me reconheceriam. Isso não aconteceu porque eu estava usando o corpo do forasteiro; "**só na hora de partir o pão é que me manifestei e, com meu gesto inconfundível, eles, então, conscientizaram-se de minha presença.**" O mesmo aconteceu a Maria Madalena quando foi ver o sepulcro no dia seguinte à crucificação. **Pensando que eu fosse o jardineiro**, só depois de perguntar sobre mim ela percebeu minha presença, pois eu estava incorporado no jardineiro, usando seu invólucro carnal para falar com ela; ao contrário, "**se fosse meu corpo, ela teria me reconhecido *incontinenti***, até porque minha silhueta, minha imagem não é comum nem desprovida de carisma" *(João c.20 v.14 e 16)*.

Agora podeis compreender, meus filhos, o que realmente aconteceu há dois mil anos. Eu ressurgi, reapareci espiritualmente às pessoas; o meu corpo foi devolvido à mãe Terra. E agora, cumprindo o prometido, voltei através da natural lei da reencarnação, recolhendo meu corpo físico das entranhas de uma mulher. Meu PAI me reenviou com a mesma forma, a mesma silhueta que tinha antes de ser crucificado, como podeis atestar através do Sudário. Antes, porém, do dia de glória do SENHOR, cumpre-se a profecia expressa nas Sagradas Escrituras:

> *"Mas primeiro (antes do seu dia de glória) é necessário que o Filho do Homem sofra muito e seja rejeitado por esta geração. **Assim como foi nos tempos de Noé, assim será também quando vier o Filho do Homem**" (Lucas c.17 v.25 a 35).*

A coerência, a lógica e a verdade são indissociáveis. Os sensatos meditam..."

Assim falou **INRI CRISTO**:

> *"Eu sou a eterna fonte de água viva e cristalina em constante renovação; quem tem sede de água viva e pura vem a mim e se satisfaz sobejamente. Jamais morre de sede porque eu sou a renovação, a luz da eternidade, o começo e o fim. Meu PAI e eu somos uma só coisa; quem me ouve bebe a sabedoria e a vida que dEle emanam."* (Síntese da *Parábola da Água)*

O Novo Pai-Nosso

Revelação de DEUS a INRI CRISTO

PAI Eterno e Inefável,
DEUS infalível,
CRIADOR do Universo,
santificado seja o Teu nome;
seja feita a Tua vontade
assim na terra como no céu.
Graças Te dou pelo manjar
que emana de Ti;
aparta-me dos erros
e ilumina-me
para que eu Te sirva
sem equívocos
glorificando-Te,
hoje e sempre,
Ó PAI!

Quando se chamava Jesus, INRI CRISTO ensinou a orar:

"PAI Nosso, que estais no céu, santificado seja o vosso nome, venha a nós o vosso reino..." *(Mateus c.6 v.9-10)*. Agora, com o Reino de DEUS instituído na Terra, formalizado pela SOUST, não é mais lícito continuar dizendo nas orações "venha a nós o vosso reino". Por esta razão é que o ALTÍSSIMO revelou a INRI CRISTO o ***Novo PAI Nosso***, que é a oração mais forte, mais perfeita e mais bela, o meio mais sublime de comungar com o PAI Celeste. Os filhos de DEUS, herdeiros do Reino dos céus, conscientes e confiantes, aprendem a orar o ***Novo PAI Nosso***. E assim, ao invocar o PAI Celeste de corpo e alma, de joelhos e olhos abertos para

o infinito ao dizer "ILUMINA-ME" levante as mãos de forma humilde "pedindo" e sinta nas mãos a energia a vibração e assim acionando o cosmos, o infinito, estabelecendo a simbiose com o supremo CRIADOR, **único Ser incriado, único eterno, único Ser digno de adoração e veneração, único SENHOR do Universo.**

> *"Tu, porém, quando orares, sozinho no teu quarto e com a porta fechada, ora em segredo a DEUS , e DEUS, que vê tudo o que se passa em segredo, te respondera"* (Mateus c.6 vers.6).

INRI CRISTO transcende a metodologia acadêmica, o entendimento meramente intelectual; é uma experiência que evoca intuição, inspiração, sentimento e sensibilidade mística, qualidades que marcarão a próxima etapa da evolução espiritual do ser humano.

A Oração Fértil

Como proceder na oração a fim de estabelecer um contato com o ALTÍSSIMO.

Assim falou **INRI CRISTO**:

"O ato de orar assemelha-se ao ato de bombear água de um poço quando se está com sede. A água pode até ser puríssima e abundante. Todavia, a fim de desfrutar dos benefícios que ela propicia, como saciar a sede, necessitais bombeá-la a fim de que chegue ao alcance de vossas mãos. Assim é a oração. Vosso PAI celeste é Onipotente, Onisciente e Onipresente. Ele sabe de vossas necessidades antes mesmo que se acerquem de vós. No entanto, tendes que acionar o mecanismo cósmico com vossas palavras a fim de desfrutar das hostes celestiais e viverdes em gozo permanente no Éden, bombeando as energias positivas via coluna vertebral para alimentar o cérebro de energias positivas e saciá-lo. Da parte de meu PAI, SENHOR e DEUS eu vos revelei a oração mais forte, sublime e poderosa que existe (*o Novo PAI-Nosso*) a fim de que pudésseis ter um meio de estabelecer o contato, a simbiose com o ALTÍSSIMO e fazer-lhe súplicas de acordo com vossas necessidades. Ao orardes, deveis conscientizar-vos de que estais invocando o Supremo CRIADOR, único ser incriado, único eterno, único ser digno de adoração e veneração, único SENHOR do Universo, o SENHOR da vida, do amor, da bonança, da prosperidade. Projetai vossas palavras em direção ao infinito e o SENHOR as receberá se vossa alma e vosso espírito forem junto com elas. E não é apenas de fé que necessitais; a fé é um complemento importante. Neste inefável momento, tendes que concentrar-vos de corpo e alma, jamais permitindo qualquer interrupção, nem mesmo um ínfimo pensamento que não esteja ligado a vossa súplica. Os espíritos de baixas esferas irão tentar de todas as formas distrair vossa mente penetrando vosso canal neuronal, principalmente se não souberdes escolher um local apropriado onde podeis cultivar a paz e a tranquilidade. Uma vez interrompida a oração, tendes que iniciá-la novamente se de fato desejais entrar em contato com DEUS, que, por ser o SENHOR da perfeição, não aceita nada pela metade. Se não vos concentrais com todas as vossas forças e todo vosso entendimento, é o mesmo que jogar palavras ao vento. Por este motivo eu disse há quase dois mil anos para orar em casa, no quarto, com a porta fechada (Mateus c.6 v.6). Agora podeis melhor compreender por que raramente vossas súplicas são atendidas. Meu PAI só irá atender àqueles poucos que conseguem chegar até Ele incólumes, que não permitiram, não aceitaram a presença do maligno no momento da oração. O que vos falei pode ser comparado a uma competição, uma olimpíada: muitos disputam, porém os poucos a receberem os galardões da vitória são aqueles que passaram pelos obstáculos sem se deter em nenhum deles. Ou seja: irá alcançar seu objetivo apenas aquele que conseguir desviar-se de todos os demônios que tentam impedir a realização de seu objetivo. Só assim será digno de ter sua súplica, seu pedido diante de DEUS atendido."

DEUS não escuta vossas palavras, não distingue os sons pronunciados por vossos lábios, Ele escuta o clamor de vossas almas, a sinceridade de vossos corações, Ele almeja a transcendência de vosso espírito. Se Ele desse ouvido a palavras vazias de fé, estaria vos limitando às restrições do mundo material, restringindo a autêntica espiritualidade.

Parábola do Anão

Assim falou **INRI CRISTO**:

"**A maior façanha, o maior prodígio que o príncipe das trevas realizou até hoje foi esconder sua forma**: se ele revelasse suas mil faces, seria obviamente desmascarado e identificado. Imaginai, meus filhos, se a mídia denunciasse, com estardalhaço, a existência de um monstro, ladrão gigante - mais precisamente um latrocida perigosíssimo, de aproximadamente três metros de altura por um de espessura - que, mesmo depois de haver invadido várias casas para roubar, assassinando suas vítimas, continuava solto, espalhando terror, e um homem, tendo assistido ao noticiário policial na televisão, se posicionasse sentado à porta de sua casa, vigiando com um fuzil a fim de impedir a aproximação do monstro ... De repente, chega um simpático, "inofensivo" e sorridente anão que, com voz macia, solicita-lhe um copo d'água. O vigilante, temendo a invasão do monstro, permanece estático com o fuzil direcionado a uma altura de uns dois metros, onde supunha ser o coração do invasor. Por causa desta preocupação, não pode ir buscar a água em atenção ao pedido do simpático anão e, abaixando a cabeça diante do pequenino, diz-lhe: "Entra, anãozinho, sê bem-vindo; lá na cozinha tu encontrarás um copo: toma água e fica à vontade."

O anãozinho, passando por baixo do fuzil, lhe responde: "Muito agradecido; não abusando de vossa bondade, usarei também o sanitário." E, silenciosamente, entra na casa, invade os aposentos e impregna com éter as narinas da mulher e das crianças adormecidas. Injeta uma dose letal de veneno para garantir a imobilidade das vítimas. Ato contínuo, vasculha todos os cômodos, abre o cofre diligentemente, rouba todos os valores, joias, dinheiro, enfim, tudo o que sua sagaz e ambiciosa mente de ladrão considera valioso, inclusive as economias que estavam embaixo do colchão. E, colocando tudo em sua sacola, sai, simpático e sorridente assim como quando entrou. Despede-se satisfeito por haver enganado uma vez mais. O incauto ainda lhe responde: "Volta sempre que precisares, anãozinho, a minha casa está à tua disposição."

Assim os lacaios do Kajowo (Belzebu, príncipe das trevas) - sacerdotes da igreja proscrita, traidores da causa divina - inculcam na cabeça dos seres humanos, desde a mais tenra idade, que o demônio é um monstro com rabo e chifre; e todos pensam que esta é sua única forma de materialização. Enquanto isso, ele se manifesta de diferentes maneiras: incorporado nos parentes, num ancião, numa criança... e principalmente nos embustólogos, falcatruólogos e engodólogos que, disfarçados de teólogos, roubam, além dos recursos pecuniários – em vendendo falsos sacramentos e chantageando o dízimo do salário dos obreiros, vilipendiando os ensinamentos que ministrei antes da crucificação. "*Dai de graça o que de graça recebestes*" (Mateus cap.10 vers.8) -, a alegria, a paz, a harmonia, que são as maiores riquezas dos seres humanos. Assim como o zeloso sentinela desta parábola não pôde identificar o malfeitor por causa da desinformação organizada, os seres humanos são induzidos a crer nas inverdades proferidas por esses lobos com pele de ovelha, que se apresentam na mídia como paladinos das causas justas, a serviço de DEUS. O demônio só consegue entrar na casa, no corpo daqueles que, desprevenidos, desatentos e descuidados, aceitam a sua visita. Quem não quiser ser vítima do abominável príncipe das trevas e dos seus emissários deve levar a sério o que eu ensinei antes de ser crucificado: "*Orai e vigiai que ninguém vos engane, porque muitos virão em meu nome... falsos cristos, falsos profetas, farão prodígios e enganarão a muitos...*" (Mateus cap.24 vers.5 e 24).

Não vos olvidem, meus filhos, que eu disse: "*orai e vigiai que ninguém vos engane*". E, quando eu digo ninguém, estou advertindo para que estejam vigilantes em todos os sentidos, porque o espírito das trevas pode se manifestar de múltiplas formas, até da maneira mais insuspeita e inesperada possível."

Parábola da Escada de Sabão

Assim falou **INRI CRISTO**:

"Para alcançarem o gozo no Éden, é fundamental que os filhos de DEUS evoluam, galgando degrau por degrau a escada da ascensão, formada propositalmente de sabão."

Escalando-a, o perseverante neófito terá que se submeter a duras provas, lembrando sempre que o espírito maligno (Kajowo) estará obstinado à espreita tentando derrubar o postulante à ascensão. E o enviado de belzebu, imbuído da mais sórdida e nefasta intenção, utiliza-se de um método singelo, insuspeito e ao mesmo tempo infalível, pois - para que o discípulo, aspirante, codiscípulo ou qualquer integrante do Reino de DEUS escorregue escada abaixo – o cruel e impiedoso demônio urina na escada, provocando o deslizamento do desatento iniciado.

E, gargalhando, o malvado assiste à vítima despencar. Na sequência, espera pacientemente a próxima tentativa de ascensão. Cada degrau alcançado aumenta a sagacidade do Kajowo, que, com sutileza, se posiciona estrategicamente para de novo urinar, tornando a escada ainda mais escorregadia.

A única forma de evitar os sucessivos tombos é descobrir de que maneira ele consegue urinar na escada. Então, surge a pergunta: ele chega sorrateiramente pelas costas? De frente, quiçá hipnotizando a vítima incauta? Pelo lado direito ou esquerdo?

Meditai, meus filhos, e respondei a vós mesmos: como o tirano consegue roubar a vossa alegria quando já estais na iminência de galgar os últimos degraus da escada da sabedoria, onde atingiríeis o gozo do Éden?

Lembrai-vos de que a escada de sabão desta parábola e o belzebu, Kajowo, príncipe das trevas, não poderiam existir se meu PAI, SENHOR e DEUS não os criasse e que na criação divina tudo tem um significado. Ele os criou no intuito de servirem de agente e instrumento de purgação. Refleti de que forma o malfeitor consegue urinar na escada justo quando estais a galgar com grande esforço degrau por degrau, posto que só estareis aptos a assumirem uma posição de defesa quando descobrirdes por onde ele faz a abordagem e como ele consegue urinar molhando a escada sem ser visto nem pressentido.

Porque eu sei que poderíeis passar noites, semanas, meses e anos tentando em vão decifrar esse enigma, vos auxilio então; abri vossos olhos e aguçai vossos sentidos, é chegada a hora da revelação: vós não podeis perceber quando o inimigo começa a urinar, molhando a escada da seleção, porque ele, incorporado em vós, utiliza o vosso aparelho de urinar para molhar a escada.

E não vos olvideis, meus filhos, que o demônio não tem corpo físico: ele é um ser sutil, portanto só pode urinar na escada usando o vosso corpo, consequentemente, vosso aparelho de urinar.

Se porventura alguns dentre vós não compreenderam o significado, objetivo desta parábola, é mister que reflitam: o ato de urinar significa as más obras que o espírito maligno realiza utilizando vosso corpo, vossas mãos, vossos membros, ocasionando vossa queda. E vigiai, pois só assim compreendereis que todo o segredo da ascensão e consequente vitória depende de galgar sozinho a escada da sabedoria, jamais permitindo que o espírito das trevas se aposse de vosso corpo, lembrando que ele chega sorrateiramente penetrando em vosso canal de pensamento, ministrando suas ideias negativas, inculcando na mente dos incautos e desprevenidos a convicção de que a vontade dele e da vítima é uma só, confundindo-a e impedindo-a de raciocinar."

Parábola do Veado Galheiro

Assim falou **INRI CRISTO**:

"Meus filhos, vós já vistes o veado galheiro, que sustenta em sua cabeça um enorme par de cornos repleto de galhos? É assim que os seres humanos, no ápice da adolescência, carregam em suas cabeças, simbolicamente, um par de chifres, como o do veado galheiro. Estes chifres são as ilusões, as fantasias, o orgulho, a ignorância e a inexperiência que fazem o jovem viver à margem da lei divina, sem limites, apaixonando-se de repente, bruscamente, convulsionando-se num mar de fantasias e ilusões, agitado, inquieto, pisando os obstáculos, rompendo barreiras e estruturas, esfacelando regras e códigos de ética sem medir consequências, sempre em busca do desconhecido, até que nada mais o satisfaça.

Se alguém dentre vós insistirdes em cultivar os vícios recém-mencionados, continuarão com a cabeça "adornada" de guampas; consequentemente, não conseguirão transpor a porta estreita do Éden.

DEUS, meu PAI, que tudo vê, na sua infinita bondade propicia aos desviados uma oportunidade de chegarem ao paraíso. Então, a mãe natureza, de acordo com a lei divina, que sintetizada em duas palavras é ação e reação, realiza a poda na forja, porque é no fogo que se prova o ouro e a prata... *(Eclesiástico cap.2)*.

Os que conseguem sobrepujar esta desprezível condição enganosa, egoísta, mesquinha e prepotente ascendem para um grau mais elevado que facultará a realização de seus objetivos, atingindo o permanente estado de gozo. Uns alcançam a vitória aos quarenta anos, outros aos trinta, alguns com vinte, muitos jamais atingem o último grau de evolução e, escravos das fantasias, da idolatria e da mentira, ficam corcoveando, chifrando do lado de fora do Reino de DEUS *(Apocalipse cap.22 vers.15)*.

Quanto aos filhos bastardos que não se submetem aos desígnios de DEUS, na poda a mãe natureza cobra-lhes o tributo por persistirem vulneráveis na constante violação da lei divina.

Num acidente quebram uma perna, um braço ou quiçá a coluna vertebral, e passam a carregar o orgulho e a prepotência em uma cadeira de rodas. Em alguns casos, ela severamente amputa-lhes uma mão ou um pé, algum órgão vital do corpo, quando não os deixa cegos ou surdos. Os obstinados correm o risco de levar uma fulminante chibatada da mãe natureza, que os coloca desencarnados diante do Supremo Tribunal Celestial. E só numa posterior reencarnação podem saldar o débito com a lei. Assim, meus filhos, vos é dado compreender por que alguns seres humanos nascem aleijados, cegos, surdos, mudos, mutilados; etc. São os que voltam ao mundo para expiar os pecados debitados na anterior existência terrenal.

Outros, num só acidente, em um único susto, conseguem despertar: são os que se beneficiam da forja ainda jovens. Porém, os rebeldes, que não assimilam as regras da Lei de DEUS nem se rendem diante do Supremo CRIADOR do Universo, prosseguem obstinadamente julgando seus atos, culpando-o pelo infortúnio, dizendo: "Eu faço boas obras, sacrifico-me pensando que estou em dia com a lei e mesmo assim sou castigado. Que DEUS ditador é este? Pensava que estava evoluindo, mas ainda estou pagando pecados...". Os seres que pensam assim vivem em constante desgraça, à mercê do látego do verdugo tempo, e serão sempre humilhados até se inclinarem diante da imensurável majestade do ALTÍSSIMO, meu PAI, único Ser incriado, único Ser digno de adoração e veneração, único Juiz infalível. Lembrai sempre, meus filhos: os mistérios de DEUS são insondáveis. Ele não quer a infelicidade de ninguém; Ele é justo e dá a cada um de acordo com o merecimento.

Tardas jamais são as dádivas celestes."

Parábola do Tapete

Assim falou **INRI CRISTO**:

"Cada vez que um ser humano comete um pecado, violando consequentemente a Lei de DEUS, as coisas acontecem da seguinte forma: o infrator, por haver cometido o pecado, se expõe às agressões da natureza, que, de acordo com a Lei de DEUS, o torna vulnerável, sujeito a toda sorte de enfermidade, fracasso na vida cotidiana, nos projetos, nos objetivos, nos ideais... E, se não houver arrependimento, se desencadeiam sucessivos outros pecados, sucessivos outros fracassos e cada vez a degradação espiritual se acentua mais e mais até o pecador descer ao fundo do poço negro.

Isto é muito mais grave, muito mais profundo do que se possa explicar em poucas palavras. Na verdade, cada vez que um ser humano comete um pecado, ele está desafiando as leis da vida, a Lei de DEUS, que rege a natureza e a vida, e em consequência fica à mercê da reação do Santo Tribunal Celestial. Cada vez que um ser humano comete um pecado, ele caminha contra seu CRIADOR, contra a lei, contra tudo, porque a Lei de DEUS, sintetizada em duas palavras, é ação e reação. Ao pecador é debitado o castigo, ao benfeitor é creditada a bênção: a bem da verdade, nisto se resume a Lei de DEUS.

Então, qual a solução para o pecador? O que deve fazer um pecador para se ajustar perante a Lei de DEUS, perante o mecanismo da Lei de DEUS e para aplacar a ira da Lei de DEUS, a ira do CRIADOR, a ira do Santo Tribunal Celestial? A única forma de anular um pecado é cobrindo-o com boas obras, obras que possam sobrepujar seus efeitos nefastos perante a Lei de DEUS, perante o mecanismo da Lei de DEUS, perante o Santo Tribunal Celestial. Então, o pecador deve começar a tecer um tapete de obras bem vistas aos olhos do SENHOR, do CRIADOR; arrependido, começa a tecer, através de seus atos e palavras, um tapete de obras que vai cobrindo os pecados. À medida que cometeu pecados vão aumentando as obras boas, as palavras e os atos positivos, benéficos e, em consequência, vão cobrindo-os com este tapete... E quanto mais pecou, mais obras deve realizar para sobrepujar os pecados com este tapete tecido, como já disse anteriormente, com obras bem vistas aos olhos do SENHOR, com palavras e atos positivos. Agora, ai do reincidente! Ai daquele que reincidir no mesmo pecado! Porque, de acordo com a gravidade do pecado, quando reincidiu, aquele tapete de boas obras que estava cobrindo, escondendo os pecados, é levantado. Quando se comete a reincidência, o trabalho realizado durante dias, meses ou anos tecendo este tapete é anulado automaticamente, deixando todos os pecados descobertos diante dos olhos do reincidente, perante o Supremo Tribunal Celestial, perante a corte celestial. Então, o que foi conseguido com vários anos de esforços, duras horas de vigilância... é destruído por uma reincidência. Tem de começar do zero, começar tudo de novo: as obras para encobrir de novo, começar de novo a tecer o tapete porque o tapete foi destruído, diluído pela avassaladora e nefasta ação da reincidência. E então tem de começar tudo de novo se quiser encontrar a paz, se quiser estar em harmonia com a natureza, com o CRIADOR Supremo e sua santa e perpétua lei.

Agora, quando a reincidência é voluntária, é consciente, quando foi praticada em sã consciência, então, além de boas obras, tem que pagar para a mãe natureza qualquer tributo físico. Quando a reincidência é voluntária, consciente, a mãe natureza cobra um tributo físico em forma de alguma enfermidade ou mutilação, alguma grave manifestação de penalidade física no sentido de que a purgação, a expiação se caracterize de tal forma que o pecador não se sujeite à nova tentação, a nova reincidência, ou seja, a nova tentação que culminasse com a reincidência; e ainda o penitente, no tempo da purgação, serve de exemplo para os demais. Portanto, meus filhos, meditem antes de pecar! Eis que esta é uma síntese do mecanismo da lei. Estou vos dando apenas uma síntese do mecanismo da lei. Que todos pensem, meditem, analisem e protejam-se! Que meu PAI, SENHOR e DEUS vos iluminem e vos conceda o dom da compreensão. Assimilando, passareis a viver em harmonia com a mãe natureza e sereis dignos de integrardes o Éden e de serdes chamados de filhos de DEUS."

Parábola do Alguidar de Barro

Os seres humanos sem rumo, desligados de DEUS, órfãos da luz, assemelham-se a um grupo de formigas que perambulam à borda de um alguidar de barro sem guia, sem destino, até exaurirem. "Eu sou a luz do mundo, a verdade e a vida. Eu sou o caminho, ninguém vem ao PAI senão por mim" (João c.14 v.6).

Assim falou **INRI CRISTO**:

"Vós já vistes, meus filhos, como procedem as formigas quando se situam numa fileira a andar na borda de um alguidar de barro? Elas giram em redondo até exaurirem, uma guiada pela outra, pensando estarem indo para algum lugar quando na verdade dirigem-se rumo ao fenecimento. Pois assim é o ser humano quando não tem intimidade com DEUS, o CRIADOR Supremo. Ele assemelha-se às formigas obreiras que caminham nas bordas do alguidar de barro incessantemente ignorando que serão vítimas deste círculo vicioso.

O obreiro, o operário, o camponês, enfim, o trabalhador, seja qual for sua atividade, amanhece e anoitece sem a graça divina. Parte de casa cedo, muitas vezes de madrugada, para trabalhar o dia inteiro. Já chega ao serviço fatigado devido à superlotação dos ônibus, trens, metrôs. Chegada a noite, volta para casa cansado e é obrigado a ouvir as lamuriações e exigências da esposa e dos filhos. Dorme preocupado com o aluguel, as contas de luz e água, o leite das crianças... além da possibilidade de receber a notícia de que foi demitido. No dia seguinte, como uma marionete, enfrenta novamente essa realidade, vítima da imposição do sistema cruel que comanda a sociedade contemporânea.

Vive em condições mais lamentáveis do que viviam antigamente os escravos, posto que estes ao menos não necessitavam esquentar a cabeça com alimentação, renda, vestimenta, pensavam apenas em cumprir as ordens concernentes aos labores cotidianos. Pensa possuir liberdade de ir e vir, todavia é cerceado, escravizado pelas precárias condições econômicas que o impedem muitas vezes até mesmo de circular em um ônibus. E então, para alimentar o círculo vicioso, nos dias de descanso, como única alternativa de lazer irá fornicar para gerar mais uma criança órfã de espiritualidade, aumentando a carga de responsabilidade. Em consequência, será obrigado a trabalhar mais, acordar mais cedo e sair do serviço mais tarde a fim de alimentar mais uma boca. E, porque não tem a bênção do ALTÍSSIMO, leva essa vida até o fim da existência terrenal. Todavia, o ser humano que busca a intimidade com o CRIADOR estabelece a simbiose, cultiva uma alegria em seu íntimo havendo colocado em primeiro plano viver em harmonia com o SENHOR DEUS. Deixa de girar em redondo, deixa de ser mais uma formiga obreira no círculo vicioso que é a vida dos habitantes da terra e passa, com a bênção do ALTÍSSIMO, a viver uma vida farta, abundante. Não necessitará fornicar a fim de atingir o prazer ilusório ministrado pelo maligno uma vez que tem consciência do gozo do amor de DEUS, compreendendo o significado místico da junção carnal sob a luz da espiritualidade só no intuito de gerar um descendente, sendo-lhe facultado pelo meu PAI, SENHOR e DEUS escolher o número de herdeiros. Enfim, torna-se digno de ser chamado de filho de DEUS.”

Parábola do Rebate

Assim falou **INRI CRISTO:**

“Todos os seres humanos são agraciados pelo meu PAI, SENHOR e DEUS com um canal de pensamento, através do qual recebem mensagens positivas ou negativas. Este canal se assemelha a um cano d’água e sois vós que escolhereis que tipo de água recebereis em vosso cérebro, em vosso íntimo. Ou seja: se pensardes só positivamente, a água será limpa e cristalina. Ao contrário, se derdes atenção, sem rebater, aos pensamentos negativos, tereis vosso cérebro contaminado com a água suja e imunda que inundará todo o vosso corpo, e passareis então a emanar fluidos negativos que vos distanciaás da mais remota possibilidade de ascensão. Cada vez que vós deixais vir um pensamento negativo, estais dando lugar aos espíritos das trevas e mergulhando num imenso poço de águas escuras. Este cano d’água de que vos falei anteriormente tem uma válvula muito eficaz, que é vosso livre arbítrio: se fechado o lado da água limpa, jorra água suja; se ao contrário, brota água limpa e cristalina. Aos que ainda não compreenderam o significado desta parábola explico então: Lembrai, meus filhos, que todos os pensamentos negativos são emanados do Kajowo (príncipe das trevas, demônio), que, por não ter corpo físico, utiliza-se do vosso canal de pensamento para em vosso corpo realizar suas más obras. E para que ele não consiga concretizar seus objetivos é mister que vós presteis muita atenção em vossos pensamentos. Toda vez que sentirdes estar recebendo mensagens negativas, deveis rebater com uma positiva. Agindo assim, o lado positivo sobrepujará o negativo e atraireis para junto de vós os espíritos de luz, que vos ajudarão, tornando-vos cada vez mais fortalecidos a fim de serdes vitoriosos, posto que o ser humano que se deixa invadir por pensamentos e ideias negativas sem rebater vai se transformando, gradativamente, num depósito de negatividade, ou seja, numa catacumba - residência de espíritos negativos de baixas esferas.

Exemplo: *se qualquer um de vós pensardes que vai morrer num acidente, atrairá um espírito fatalista que o conduzirá inexoravelmente a um confronto acidental, seja andando de automóvel, de trem... ou até mesmo a pé. O pensamento negativo, ministrado pelo agente negativo, desgovernará um veículo, que o esmagará mesmo em cima da calçada. Se qualquer um de vós pensar e acreditar que vai ser vítima, que vai desencarnar assassinado, mesmo que não tenha inimigos, sucumbirá alvejado por uma fulminante bala perdida. Se estiverdes descendo uma escada e o espírito negativo vos ministrar a ideia de cairdes da escada, se não rebaterdes incontinenti caireis fatalmente. E assim sucessivamente...*

Todo e qualquer pensamento negativo deve ser rebatido, sem titubear, com a poderosa, sublime e invencível resposta: DEUS. Com o pensamento voltado para o ALTÍSSIMO, meu PAI e SENHOR, CRIADOR Supremo, formareis um campo magnético positivo de energias positivas, uma indumentária de luz em torno do vosso corpo que impedirá a aproximação de qualquer espírito negativo. Consequentemente, vosso canal de pensamento estará imunizado contra agressões e emanações satânicas, e gozareis, mesmo vivendo na Terra, neste mundo caótico, das delícias do Éden."

Parábola do Tesouro

Assim falou INRI CRISTO:

"Imaginai, meus filhos, um homem abastado cuja riqueza é tão imensa que necessita de diversos cofres a fim de neles depositar ouro, diamantes, joias, pedras preciosas, enfim, as incontáveis riquezas amealhadas durante toda sua vida. À medida que acrescenta riquezas, mais ele fica de olhos atentos, mais ele tem zelo e amor pelos cofres, posto que é o depósito de seu tesouro, fruto de longos anos de suor e árduo trabalho. Da mesma forma sucede convosco, meus filhos. Para mim e aos olhos de meu PAI, SENHOR e DEUS, cada um de vós que sois meus discípulos e na extensão meus seguidores se assemelha a um dos cofres onde deposito a riqueza celestial, que é diferente da riqueza dos homens. Esta riqueza de que vos falo são os ensinamentos ministrados por mim da parte de meu PAI, transcritos nas parábolas e circulares estojadas nos livros que seguirão DESPERTADOR 1ª, 2ª e 3ª parte sendo, fiel depositário da doutrina do Reino de DEUS, as experiências de vida que adquiri nos longos anos de peregrinação sobre a Terra e agora vos relato a fim de que também tenhais conhecimento e segurança. "Entesourai para vós tesouros no céu, onde nem a ferrugem, nem a traça os consomem, e onde os ladrões não perfuram as paredes nem roubam. Porque onde está o teu tesouro, aí estará também o teu coração." (Mateus c.6 v.20 e 21).

Cada vez que deposito mais riquezas nos cofres, ou seja, quanto mais vos transmito os ensinamentos, a luminosa sabedoria emanada do ALTÍSSIMO, sendo fiéis guardiões do tesouro de meu PAI, mais eu vos amo, mais sereis fortes e felizes, dignos das bênçãos celestiais e de serdes chamados de filhos de DEUS. Vós, meus filhos, que sabeis quem sou e tendes consciência de minha identidade, sois o maior bem, a maior riqueza, a maior dádiva que meu SENHOR e meu DEUS concedeu-me desde o jejum em Santiago do Chile, quando me revelou que sou o Primogênito e vós sois meus descendentes, "Ó PAI, quero que, onde eu estou, estejam também comigo aqueles que me deste, para que contemplem a minha glória, a glória que me deste, porque me amaste antes da criação do mundo. PAI justo, o mundo não te conheceu, mas eu te conheci, e estes conheceram que tu me enviaste". (João c.17 v.24 e 25).

Portanto, quando guardais e zelais pelas riquezas celestiais, mais amor mereceis de minha parte e da parte de meu PAI, que me reenviou a este mundo. Dentro da lei da igualdade, que, convém uma vez mais ressaltar, consiste unicamente em distribuir-se desigualmente a desiguais na mesura em que se desigualam, à medida que sois fiéis depositários do tesouro celestial na condição de discípulo, seguidor, benemérito, seja qual for o vínculo com o Reino de DEUS, mais vossos olhos brilharão, mais estará registrado em vosso semblante que sois dignos de meu amor, de minha afeição, de meu carinho e da bênção de meu PAI, SENHOR e DEUS.

O Livre Arbítrio e o Carma

Carma é a lei da ação e reação que rege a vida dos seres humanos, é a síntese da lei divina; no livre-arbítrio está a faculdade de trafegar pelos meandros do carma.

Assim falou **INRI CRISTO**:

"DEUS, meu PAI, que é o SENHOR do destino, sendo onisciente, onipotente e onipresente, sabe tudo que irá suceder no decorrer da vida dos seres humanos. Cada ser humano, ao reencarnar, traz consigo a herança carmática das precedentes encarnações, que, aliada ao destino, à predestinação de cada um, determinará as circunstâncias do nascimento: se nascerá saudável ou defeituoso, num lugar de paz ou de guerra, num ambiente disciplinado ou promíscuo, numa família próspera ou desafortunada pela sorte... (salientando que nascer pobre materialmente não implica ser miserável; miséria é um mal do espírito, sinal de orfandade, exclusão das bênçãos de DEUS, por outro lado, a riqueza material só é salutar quando respaldada pela bênção divina, propiciadora da sapiência). Cada encarnação é uma nova etapa na gigantesca escola da vida; cada espírito carrega sutilmente a bagagem das vidas anteriores – as lições aprendidas – traduzidas na índole, nas predisposições do caráter. Assim, de acordo com as circunstâncias impostas pelo carma, cada um nasce, cresce, se desenvolve física e intelectualmente, inicia a vida adulta a partir dos 21 anos, torna-se um ser independente... e a partir daí, ele tem diante dos olhos, diante de si, várias opções de vida (é claro, dentro dos limites da evolução espiritual de cada um), que o CRIADOR bondoso e perfeito, meu PAI, lhe concede, facultando-lhe o bom ou mau uso do livre-arbítrio. Mas até que ponto o carma pode vaticinar o destino, a sorte ou o azar, a fatalidade ou a bonança, a bênção ou o desprezo de DEUS, enfim, a forma de viver de cada ser humano? Como explicar que, nascendo sob idênticas circunstâncias, ao mesmo tempo em que algumas pessoas, por mais que lutem, não conseguem sair do lugar, enquanto outros com pouco esforço prosperam, são beneficiados pelas bênçãos divinas? Aí entra o carma, o débito ou crédito carmático, que influencia na sorte ou azar no destino de cada indivíduo de acordo com o bom ou mau uso que fez da riqueza, dos bens materiais, da posição social, da inteligência... em vidas anteriores ou mesmo na vida presente.

Há que se compreender o mecanismo da divina lei do carma, que é a lei da ação e reação, para que cada um posicione-se perante si mesmo, perante seus semelhantes e acima de tudo, perante DEUS. O que cada um vive no presente resulta de suas boas ou más ações passadas, suas palavras e projeções mentais positivas ou negativas em relação a si e aos outros. Ou seja, as circunstâncias em que alguém nasce, cresce e vive são predeterminadas, orientadas pelo carma, pela lei da ação e reação, todavia isso não obriga ninguém a ser infeliz, insatisfeito, frustrado, ingrato, a ter um comportamento irresponsável, a se sentir vítima da sorte, a viver de mau-humor e tratar mal a tudo e a todos... Não, meus filhos. Ninguém colhe o que não planta. Ninguém recebe o que não merece ou não faz por merecer, e ninguém recebe se não estiver aberto para receber... Uma vez compreendendo que o passado não podeis mudar e que se estais passando por um sofrimento ou uma purgação, isso significa o resgate de um débito carmático, então deveis conservar a paciência, humildade e confiança em DEUS. É aí onde entra o livre-arbítrio e a capacidade de superar limites, de sobrepujar os obstáculos, o dom de transformar os infortúnios em oportunidades de aprendizado e de enriquecer na sabedoria. Cabe a cada um usar a inteligência, desenvolver a sagacidade a fim de propiciar uma situação carmática favorável para continuar sua jornada na Terra. Há que se pedir inspiração ao ALTÍSSIMO para descobrir e explorar as próprias potencialidades, as virtudes ocultas esperando o amadurecimento do espírito para se aflorar. De novo, de acordo com o estágio evolutivo, de acordo com o grau de transcendência espiritual cada um terá o dom de compreender, assimilar e colocar em prática minhas palavras. É o que já ensinei há dois mil anos na Parábola dos Talentos (Mateus c.25 v.14 a 30). Todo ser humano nasce com um dom, alguns nascem às vezes com mais de um dom de acordo com os atributos pessoais, de acordo com o destino e a missão. Multiplicar os talentos (as moedas, no caso da parábola), significa administrar o dom ou os dons recebidos do ALTÍSSIMO a fim de produzir boas obras, gerar bons frutos; alguns produzem mais, outros menos, e por isso eu disse que ao que tem lhe será dado e terá em abundância, e ao que não tem, até o que pensa ter lhe será tirado. O servo preguiçoso que recebeu o talento e não o multiplicou se assemelha aos indivíduos que não exploram seus potenciais, que não fazem bom uso dos dons que receberam de DEUS e ficam patinando num círculo vicioso, arremessando seus fluidos energéticos em direção aos servos diligentes e esforçados que fazem bom uso de seus muitos dons.

O Supremo CRIADOR já sabe qual será o destino, o final da viagem de cada ser humano em sua jornada na Terra, mas isso não quer dizer que não lhe será aberto um leque de opções, cada qual de acordo com o seu grau evolutivo, de acordo com o seu carma. Quando chegarem ao final da viagem, os que aproveitaram bem as oportunidades olharão para trás e dirão: "Eu fiz a minha parte, cumpri minha missão, estou satisfeito, não tenho do que me arrepender". Mas DEUS, que é tão bondoso, misericordioso, ao mesmo tempo propicia que o carma sirva de consolo aos incompetentes, relapsos, preguiçosos, enfim, aos que não foram suficientemente inteligentes, não souberam ou não se esforçaram para interpretar a lei, mormente quando estiveram em contato com o Filho do Homem. O SENHOR, meu PAI, permite que eles permaneçam cegos, como já estavam quando não enxergaram os meandros da lei divina; e então, olhando para trás, vendo os erros cometidos, as falhas, as oportunidades perdidas, dirão a si mesmos: "Ah, era o meu carma". Esse mesmo carma que não souberam assimilar e com o qual não conseguiram se coadunar serve-lhes, portanto, como prêmio de consolação. Isto é uma advertência para que as pessoas não insistam em dizer durante a vida: "Ah, mas esse era o meu carma", como já escutei muitos se lamentarem depois de escorregar no sabonete. Não sou eu que coloco o sabonete. O sabonete está ali, todavia tu escorregas se queres, como já expliquei nas parábolas do Veado Galheiro e da Escada de Sabão. Prestai atenção no erro, no equívoco de interpretação dos ingênuos, dos incautos obstinados. Estes pensam: "DEUS já sabia que isso estava no meu destino, esse era o meu carma". Em verdade vos digo: DEUS, meu PAI, por ser onipresente, onisciente e onipotente, sabe sim o destino de cada um, mas Ele não interfere (exceto em atenção a súplicas), por isso concede a cada um o poder, a inteligência e a faculdade do discernimento. Se o teu destino é ir ao Rio de Janeiro, por exemplo, tu tens o direito de escolher os meios e por qual caminho transitarás: podes viajar de avião, pelo mar, de motocicleta, de automóvel, de trem ou até mesmo a pé; podes optar por rotas diferentes, fazer uma pausa a fim de desfrutar a paisagem... mas no final terás que chegar ao Rio de Janeiro. O mais fantástico é que o

SENHOR do destino já sabe de antemão qual rota irás escolher, as decisões que tomarás, os obstáculos que terás de sobrepujar, mas não é porque o SENHOR sabe o teu destino que vais viver ao léu pensando: "DEUS já sabe o meu destino, já sabe que sou um desgraçado mesmo, já sabe que sou incompetente, não vale a pena lutar...". É aí que entra o livre arbítrio e cabe a ti, e somente a ti, decidir o teu rumo; mas ao mesmo tempo em que usufruis do livre-arbítrio, ele é uma fantasia e torna-se até mesmo um castigo aos prepotentes e orgulhosos que pensam presunçosamente serem donos de seus destinos, pois na verdade o destino de todos está nas mãos do Eterno SENHOR do Universo. O mecanismo da lei divina é muito sutil, cheio de nuances. E de novo nisso tudo se exalta a justiça divina, porque de acordo com o grau evolutivo de cada um, DEUS dá mais ou menos dom de compreender e assimilar sempre em harmonia com a eterna lei da igualdade, que, vale dizer uma vez mais, consiste unicamente em distribuir-se desigualmente a desiguais na medida em que se desigualam. Existem detalhes que não podes perceber agora, mas poderás ver daqui a uma semana, um mês ou décadas... "Alguns podem se deixar guiar por um lobo com pele de ovelha" (Mateus c.7 v.15) e depois lá na frente descobrirão que foram induzidos para o lado negativo, para o lado das trevas; por isso muitos preferem andar sozinhos até me reencontrar. Os espíritos desocupados tentam preencher o vácuo do ócio lucubrando, conjecturando por onde se esquivar, atropelar, vilipendiar a universal lei divina, como se possível fosse.

Por isto, meus filhos, despertai o lado sublime, divino da inteligência para fazer boas obras, vivei as grandes virtudes humanas, cultivai pensamentos nobres, elevados, altruístas, colocai em prática os ensinamentos que vos ministro da parte de meu PAI, SENHOR e DEUS, e assim mudareis positivamente o curso de vossas vidas, usareis o mecanismo da lei do carma em vosso benefício. Está em vossas mãos, em vossa decisão assumir uma atitude de responsabilidade, reciclar velhos conceitos, adquirir novos hábitos salutares, aproveitar as oportunidades para crescer... Nada irá mudar em vossas vidas a menos que vós mudeis, a menos que vós mesmos transformeis o vosso interior, a vossa forma de lidar com os problemas e adversidades. Há um universo de possibilidades à vossa disposição. Não deveis permanecer preguiçosamente acomodados, de braços cruzados, esperando que o acaso vos carregue como um peixe morto levado pelas águas. Se almejais serem dignos de serdes chamados de filhos de DEUS, tendes que arregaçar as mangas e construir, semear palavras e atos positivos, buscar em vossas boas obras a justiça e a perfeição... como eu já disse há dois mil anos: "Buscai o Reino de DEUS e a sua justiça, e todas as outras coisas vos serão dadas por acréscimo" (Mateus c.6 v.33). Então a felicidade, a satisfação pessoal, o prazer de viver encontrareis dentro de vós em estabelecendo a simbiose com o ALTÍSSIMO, meu PAI, Supremo CRIADOR e único SENHOR do Universo. Não importa o caminho que estais seguindo, a opção que escolhestes, o tempo que demorais... Um dia todos tereis a consciência de que sois indissociáveis dEle, pois o destino final de todos é o Eterno

SENHOR da vida. Os sensatos meditam, assimilam e se coadunam, tornando-se com meu PAI e comigo uma só coisa".

O Amor

O amor a DEUS, ao SUPREMO CRIADOR, é a mais elevada e sublime manifestação do amor. É por amor ao meu PAI que estais unidos a mim e a vossos irmãos, é por amor que enfrentais toda sorte de vicissitudes e peripécias para estardes comigo na luta contra o principado das trevas, almejando a consolidação do Reino de DEUS sobre a Terra. Só aqueles que amam apaixonadamente podem transmitir amor, manifestado através de palavras, obras, gestos e pelo brilho nos olhos, que são a janela do espírito, espelho da alma.

Assim falou **INRI CRISTO**:

"O verdadeiro amor está amparado na confiança, segurança e felicidade mútuas. É assim que eu vos amo. Os espíritos das trevas podem até vos enganar dizendo que eu exijo obediência, mas na verdade a obediência não é a mim e sim ao meu PAI, SENHOR e DEUS, que, de acordo com vossa observância à sua Santa Lei, vos abençoa com sabedoria e abundância. Eu sou o amor e vos ensino a amar. Quando este sentimento verdadeiramente aflorar-se em vós, não mais sereis egoístas nem possessivos, não suceda aprisionardes o ser amado e na prisão ele vos abandone. O amor está no espírito. Quando duas pessoas amam-se de verdade, o fluido do amor interage entre elas mesmo a distância. Só ao ouvir a voz de quem se ama já se sente um regozijo, uma alegria interior. Este é o amor verdadeiro. O amor não possui nem pode ser possuído; basta que o amor esteja presente. E não penseis, meus filhos, que o cadeado é invariavelmente uma chave de aço. Muitas vezes transformais vossa língua em cadeado ao obrigar vosso adjutório a realizar vossas vontades sem se importar com seus sentimentos, tolhendo-lhe a liberdade, o direito à individualidade, olvidando-se do respeito que deve acercar-se de vós. Para a existência do amor não é obrigatoriamente necessário estar o tempo todo ao lado do ser amado. Muitas vezes é mister que o vento sopre entre vós, fortificando e consolidando o relacionamento. Se amais somente quando estais com vosso companheiro, então não amais. Carregais em vosso coração o sentimento da possessão. Amar consiste em atingir o coração do outro mesmo a distância, é dar tudo sem nada exigir em troca. Lembrai, todavia, que acima de toda e qualquer forma de amor possível entre duas pessoas está o amor a DEUS. "Amarás ao SENHOR, teu DEUS, de todo o teu coração, e de toda a tua alma, e com toda a tua força. Estas palavras... estarão gravadas em teu coração... e tu as meditarás sentado, em tua casa, e andando pelo caminho, e estando no leito, e ao levantar-te" (Deuteronômio c.6 v.5 a 7).

"O SENHOR, teu DEUS, circuncidará teu coração... para que ames o teu SENHOR de todo teu coração e de toda a tua alma, a fim de que possas viver... Este mandamento, que hoje te intimo, não está sobre ti, nem longe de ti, nem está posto no céu, de sorte que possas dizer: qual de nós pode subir ao céu, para que no-lo traga, e o ouçamos e ponhamos por obra? Nem está do lado além do mar, para que te desculpes e digas: qual de nós poderá passar o mar e o trazer, para que possamos ouvi-lo e cumprir o que nos é mandado? Mas este mandamento está perto de ti, está na tua boca e no teu coração, para o cumprires" (Deuteronômio c.30 v.6 a 14). Confiai plenamente em vosso PAI Celeste, unicamente Ele pode confortar-vos em qualquer lugar e iluminar-vos com seu eterno e incomensurável amor. O amor dos seres humanos é falível, está sujeito às intempéries da vida. Não obstante, o amor ao meu PAI, SENHOR e DEUS, que é em mim, jamais se exaure, jamais decepciona ou enfraquece. Sem o amor ao ALTÍSSIMO a vida não tem sentido. Eu não quero viver um só segundo na Terra que não seja a vontade de meu PAI. Unicamente por Ele vivo e unicamente a Ele temo. Acima de tudo e de todos está DEUS. Os homens fenecem, mas o SENHOR existe e existirá para todo o sempre. O amor de DEUS é o único que não se exaure jamais".

Dínamo Eterno

Assim falou **INRI CRISTO**:

"O Supremo CRIADOR do Universo, DEUS, meu PAI e SENHOR, é o centro do poder energético, semelhante a um gigantesco, imensurável dínamo produtor de energia. Cada filho de DEUS assemelha-se a um microrreceptor desta energia, cujo envio se realiza através de um fio invisível aos olhos físicos. O mecanismo de distribuição desta energia é semelhante a um grande dínamo que envia energia a vários microrreceptores por meio de um fio de eletricidade. Cortado o fio, o transporte de energia é interrompido.

A fim de estardes em paz, felizes, em harmonia com a lei divina, necessitais manter permanente simbiose com o Supremo CRIADOR através deste fio invisível, sob pena de adoecerdes, sofrerdes acidentes, tragédias. O meio pelo qual realizareis tão elevado propósito é ter DEUS acima de tudo, confiar na justiça divina em qualquer circunstância, amar o CRIADOR Supremo com todas as vossas forças, enfim, jamais desligar-vos dEle.

Ao contrário do que podeis pensar, não é o SENHOR quem necessita de vós. Vós é que necessitais amar o Todo-Poderoso. Ele não é egoísta, mesquinho, limitado, tampouco tem ciúme de vós. Todavia, se por um só momento, se por um segundo vos atreverdes desconectar-vos do CRIADOR, então rompereis o sutil condutor da fonte energética que vos unia ao ALTÍSSIMO e estareis à mercê do tenebroso mundo das trevas. Nada tem sentido sem o SENHOR, só Ele é importante. Assim podeis compreender o significado e a relevância de cumprir o primeiro mandamento: "Tu adorarás a DEUS só e o amarás antes de tudo" (Mateus c.22 v.37 a 40).

Se vos atreverdes a amar o ALTÍSSIMO depois da esposa, do marido, do filho, do dinheiro, da fama... tereis que pagar na carne o preço da violação ao mandamento divino. Então a mãe natureza amputa-vos uma perna, um braço, tira-vos um filho, adoeceis e vos tornais até mesmo vítimas do câncer. Todo orgulho, empáfia, arrogância tereis que carregar numa cadeira de rodas, no leito de hospital e quiçá até na sepultura. Aos seres humanos é facultado, em fazendo mau uso do livre arbítrio, desligar-se do CRIADOR Supremo. Não obstante, depois de flagelados pelo açoite da mãe natureza, assim como o filho pródigo volta arrependido e submisso aos protetores braços do genitor, necessitam retornar a Ele humildemente e viver de acordo com Suas santas e eternas leis. Por que desafiar as hostes celestiais, esperar os reveses da vida para só então reconhecer a majestade do SENHOR da Vida? Que meu PAI, SENHOR e DEUS, bondoso, misericordioso e perfeito vos inspire e ilumine facultando a assimilação de minhas palavras."

Felicidade e Beleza

Assim falou INRI CRISTO:

"A beleza de um ser humano compõe-se na síntese da felicidade e da sabedoria. Quando vós me encontrais, mesmo sem perceber, ocorre uma mudança em vosso semblante, que se torna mais belo e até mesmo mais jovem devido à aura da felicidade e à sabedoria que adquires ao ouvir os ensinamentos ministrados pelo meu PAI, SENHOR e DEUS, que é em mim. É um conjunto recíproco que existe harmoniosamente. Quando encontrais a felicidade, não mais adoeceis, posto que todas as enfermidades físicas têm sempre início na enfermidade da alma, e uma alma feliz é uma alma sã. Ao viverdes em harmonia com DEUS, tendes longevidade, não envelheceis precocemente como a maioria dos seres humanos. Sois belos porque tendes o complemento da felicidade e sabedoria, que são indissociáveis.

Uma pessoa bela fisicamente sem sabedoria, ou seja, oca espiritualmente, de longe impressiona mas de perto decepciona, à semelhança de uma bela flor sem perfume, pois no falar demonstra a pobreza de espírito, a carência de luz divina. Lembrai, todavia, que a vida não é feita só de felicidade, é necessário passar pelos momentos difíceis de sofrimento, cuja finalidade é a purificação e amadurecimento do espírito. Nas horas de dor conservai a serenidade em vossos corações, a confiança no Todo-Poderoso, que é a chave, a garantia de vossa vitória. "Sofre as demoras de DEUS, conserva-te unido a DEUS e espera pacientemente para teres vantagem na tua sorte final" (Eclesiástico c.2 v.3).

Ao enfrentar as peripécias e vicissitudes da vida, deveis aprender a tirar delas proveito, extrair aprendizado, pois nisto consiste a arte de viver. Em verdade vos digo, meus filhos: jamais demonstreis vossa felicidade aos seres mesquinhos que, descontentes, usarão de todas as armas para roubar vossa alegria e, em consequência, vossa beleza. Tentarão injetar em vosso cérebro o veneno da amargura que lhes corre nas veias. Só vos falo porque desejo que sejais felizes seja com quem for, em qualquer lugar onde estiverdes, porque vos amo sem nada exigir em troca."

O mecanismo da fé

Certa ocasião, um magistrado perguntou a INRI CRISTO como aumentar a fé. Mas o que é a fé e qual o propósito da fé? Define-se fé como a crença no sobrenatural, nos fenômenos que a ciência humana é incapaz de explicar. As religiões são baseadas na fé, mas há que se discernir entre o sobrenatural real, verdadeiro, proveniente das autênticas manifestações do Todo-Poderoso, do cosmos, do Infinito, e as ilusões criadas e alimentadas pela fértil imaginação humana. INRI CRISTO nos explica que a fé cega gera fanatismo, todavia a fé torna-se salutar quando é alicerçada e por fim sobrepujada pela conscientização, servindo assim em benefício do ser humano.

Assim falou **INRI CRISTO**:

"A fé emanada da crença gera fanatismo; todavia a fé emanada da conscientização da lei de DEUS gera poder. O ser humano carece ter fé quando necessita crer em algo, até mesmo em DEUS, todavia ainda não tem consciência de DEUS. Quem meramente tem fé está sujeito ao fanatismo; se tens fé, tu podes acreditar numa causa e defendê-la com unhas e dentes mesmo que não tenhas plena consciência se está certo ou errado. A fé é passível de ser abalada, não obstante a conscientização é inabalável. DEUS não é manifesto por som ou por imagem. Ele é onipresente, embora nem sempre o ser humano possa compreendê-lo e senti-lo plenamente. Quando o homem não tem consciência plena da existência de DEUS e da onipresença de DEUS, ele necessita ter fé que DEUS existe, ou necessita crer em algo que preencha este vazio, este vácuo espiritual; então ele recorre a uma religião, a uma "divindade", a uma filosofia. Eis por que quando uma pessoa apenas tem fé, sem a conscientização, ela está sujeita ao equívoco; ela pode ter fé na estátua da "nossa senhora", num livro considerado sagrado, num ritual supersticioso, num ídolo pagão, num falso profeta, num vigarista qualquer, lobo com pele de ovelha.

Quando uma pessoa tem muita fé, acredita ardentemente em algo mesmo que não seja verdadeiro, ela desperta o mecanismo da fé. Mas como funciona a fé perante o SENHOR? A fé abre os poros, os orifícios do corpo humano por onde entra a bênção do SENHOR, tornando-os receptivos às energias vitais provenientes do cosmos. A fé detona o mecanismo através do qual o ser humano recebe a bênção divina, que se manifesta na obtenção de uma graça, na concretização de um desejo, na cura de uma enfermidade (posto que todas as fraquezas e todas as enfermidades físicas têm sempre início na enfermidade da alma). Ao efetuar um pedido numa fervorosa oração, o penitente projeta-o em direção ao infinito e, de acordo com o fervor da fé e contrição da alma, ele atinge o cosmos e é atendido. No entanto, todas as bênçãos, todas as dádivas têm uma única origem: DEUS, a imensurável fonte de vida e energia que permeia toda a existência, todo o Universo. Eis que o primeiro mandamento consiste em adorar a DEUS só e amá-lo antes de tudo; quando o ser humano deposita a sua fé unicamente em DEUS, o CRIADOR Supremo, ele estabelece uma simbiose e passa a viver em paz e feliz sobre a Terra, livre das fantasias, dos engodos dogmáticos que o arrastam ao tenebroso mundo das trevas. O SENHOR, em sua grandiosidade e magnanimidade, derrama as bênçãos mesmo sobre os idólatras uma vez que estes foram enganados, ludibriados na fé. A ignorância serve como proteção aos prevaricadores. DEUS permite a existência de ídolos porque faz parte do processo evolutivo dos seres humanos; quem se ajoelha diante de ídolos fica girando em redondo num deprimente círculo vicioso, até que finalmente, ao findar o ciclo de purgação, é-lhe facultado vislumbrar que só o Eterno SENHOR da vida é o provedor de todas as bênçãos, de todas as dádivas, porque Ele é o SENHOR da abundância.

A fé cega amparada unicamente na crença gera fanatismo, turva a visão espiritual do homem, impedindo-o de vislumbrar a verdade. A fé tanto pode ser a crença, a convicção em algo verdadeiro como também pode se basear numa crendice fruto de ilusões e da imaginação humana. Tu podes crer numa estátua, numa "divindade", no falso profeta, no poder de uma oração, etc. E por causa da fé obter a solução de um problema, a cura de uma enfermidade. Tu podes ter fé que se sacrificares um ser humano ou um animal estarás expiando teus pecados ou agradando a DEUS, podes ter fé que através de um ritual agradarás determinada "divindade"; de acordo com a força da tua fé, efetivamente obterás o que desejas, pois o mecanismo da fé entra em ação. Embora as divindades às quais tu veneras não existam verdadeiramente, consegues o atendimento ao teu pedido, ao teu clamor. A questão é que se tens fé numa estátua considerada uma "divindade" (seja da "nossa senhora", de um "santo", de um ídolo pagão), não é a estátua que te atende; na verdade, quando fazes um pedido, ele atinge o cosmos de acordo com o fervor da tua fé, de acordo com a contrição e humildade com a qual projetaste o pedido em direção ao infinito. A Divina Providência te atende, mormente se estás protegido pela ignorância, uma vez que foste enganado na fé pelos sacerdotes traidores da causa divina. Quanto maior a convicção em algo que não existe e não é real, maior a dificuldade de vislumbrar a verdade e aproximar-se do DEUS verdadeiro, o DEUS que fez os homens, Supremo CRIADOR e único SENHOR do Universo. Por este motivo quando alguém faz um voto, uma promessa para uma estátua e, por causa da força de sua fé, é atendido, ela cai numa armadilha muito perigosa, ardilosa, e torna-se muito difícil desvencilhar-se do tenebroso jugo que a idolatria passa a ser a partir de então. O louvor, a gratidão, a veneração que deveria direcionar unicamente a DEUS, ao CRIADOR Supremo, passa a direcionar aos ídolos, e quando o ser humano envereda pelo caminho da idolatria, ele tem o desprezo de DEUS, fica desamparado, órfão da espiritualidade. Na verdade o potencial de conseguir estava adormecido dentro dela, podia ter conseguido sem o intermédio da estátua, apenas pedindo ao PAI Celeste com a certeza de ser atendido. Tudo é uma questão de conscientizar-se de que unicamente o SENHOR é o provedor das bênçãos e assim pedir e agradecer unicamente a Ele. Dessa forma o ser humano passa a usar positivamente o potencial que adormece em letárgico sono dentro de si mesmo. Quando a fé é substituída pela conscientização da lei de DEUS e do mecanismo da lei de DEUS, o ser humano fica mais próximo de abrir as portas do verdadeiro conhecimento e da verdade. Por isso a fé deve estar sempre alicerçada na conscientização; neste caso ela deixa de ser meramente uma crença e se torna convicção pessoal. Eu não quero que tenham fé em mim, fé que existe há dois mil anos e agora também. Pois quem tem meramente fé, quem meramente crê que sou Cristo, o Enviado do ALTÍSSIMO, pode de repente mudar de ideia; este é fraco, não se sustenta. Se tiver que enfrentar um fariseu ou um idólatra fanático estará sujeito a abalar sua convicção ou sua fé.

Rogo ao meu PAI, SENHOR e DEUS que vos conceda o dom de saber quem sou, facultando-vos ter a consciência plena de minha identidade, pois aqueles que sabem quem sou, movidos pela consciência de que sou o Primogênito de DEUS, ancestral da humanidade, tornam-se inabaláveis, manifestam força e determinação no caráter, caminham firmes sobre a Terra. Meu PAI, SENHOR e DEUS, único Ser incriado, único Eterno, único Ser digno de adoração e veneração, único SENHOR do Universo, reenviou-me a este mundo para instruir os meus filhos a ter consciência da existência do poder que dEle emana e da perfeição da lei divina; ensino-lhes a discernir entre o certo e o errado, o bem e o mal, a fim de que vivam em harmonia com o CRIADOR Supremo e com a mãe natureza".

Sobre o Plano Espiritual

A Mente, o Poder da Mente, a Alma e o Espírito

Assim falou **INRI CRISTO**:

"Meu PAI, SENHOR e DEUS me mostrou e disse que devo explicar aos meus filhos, a fim de que tenham consciência, sobre o mecanismo que faculta a atuação do espírito, da mente e do poder mental em conjunto com o corpo físico, que é vosso veículo e instrumento concedido pelo bondoso PAI Celeste para viverdes na Terra, e qual a ligação do espírito, da mente e do poder mental com o plano cósmico superior. Como se dá a existência do espírito, da mente e do poder mental, até quando existem ou deixam de existir?

Quando o ser humano leva uma vida completamente materialista e desconhece as sutilezas do plano espiritual, a exemplo dos ateus (condição que vivenciei até a revelação em 1979), dos intelectualoides, enfim, os órfãos da espiritualidade, ele acredita que a morte é o fim da vida, o fim da existência e da identidade; considera a morte uma fatalidade biológica. A maioria esmagadora dos seres humanos vive vinte, trinta, cinquenta, setenta, até cem anos aqui na Terra sem saber da existência do espírito, e a isso se pode atribuir boa parcela de culpa pelas filas de moribundos nos hospitais, repletas de pessoas vegetando a beira de desencarnar, mantidas vivas em estado vegetativo por meio de aparelhos, à revelia da divina lei da natureza, unicamente devido ao medo de morrer, de render o espírito. A ignorância é a raiz e causa deste sofrimento desnecessário, posto que na realidade o espírito nunca, jamais morre. O espírito é uma partícula energética de vida emanada do CRIADOR, do cosmos, do infinito, integrante do todo e dissolvida no todo ao mesmo tempo em que é única em si mesma, dotada de identidade, de individualidade. O que morre quando desencarnais é a mente, que está atrelada ao cérebro, centro de comando do corpo humano. O equívoco está em confundir a mente com o espírito, posto que a mente é humana, a mente morre; o espírito não morre, não desvanece jamais, à exceção dos espíritos obstinados irremediável e irreversivelmente em transgredir a lei de DEUS, que por serem uma espécie de câncer do cosmos, são inexoravelmente eliminados, extirpados, extintos, aniquilados. Aos que até agora não puderam compreender, essa é a morte segunda que mencionei ao discípulo João no livro do Apocalipse (c.2 v.11).

Em verdade vos digo: nem mesmo quando dormimos o espírito dorme ou desvincula-se por completo do corpo, que é vosso veículo. O espírito sai, afasta-se, raramente permanece por perto; o corpo físico e a mente, que estão atrelados ao cérebro, estes sim dormem, descansam, necessitam repousar, pois estão ligados à matéria. Teu corpo e tua mente dormem, todavia teu sangue não coagula porque existe um fio invisível ligado ao espírito enquanto repousas. Só quando tu morres, desencarnas, esse fio invisível se separa completamente da mente e do corpo e então o sangue coagula; o teu corpo fenece por falta de ligação com o cosmos, contigo, que és espírito, posto que o espírito serve de intermediário entre o corpo físico e o plano espiritual, os planetas, as estrelas, enfim, as emanações do cosmos. E nesse intervalo em que estás dormindo muitas vezes se manifestam os sonhos, que são projeções do espírito em forma de imagens registradas, arquivadas no plano inconsciente da mente em diferentes intensidades; às vezes são produzidas lembranças nítidas, como se tivessem sido situações reais, às vezes se desvanecem por completo. Estas projeções variam também de acordo com a procedência e com o significado. Explicando de uma forma geral, há sonhos que procedem do cosmos, quando o espírito traz uma impressão, um aviso, uma premonição ou uma informação do plano cósmico para registrar na mente. Podem, outrossim, advir de lembranças recentes, desejos, inquietudes, temores ou de interferência dos espíritos das trevas que atormentam até mesmo durante o sono. Meu PAI me instruiu como discernir entre as diferentes características dos sonhos. Existe o sonho profético, que registra e ao mesmo tempo serve como visão de um acontecimento vindouro, ou adverte e avisa sobre algo ruim que poderia acontecer a fim de impedir em tempo viável (o que pode ser também considerado pesadelo), a exemplo dos sonhos proféticos interpretados pelo profeta Daniel, conforme registram as Sagradas Escrituras. Existem também os sonhos provenientes de um desejo, um temor ou uma lembrança: registram o que querias que acontecesse, o que temias que acontecesse ou uma situação vivida recentemente cuja impressão continua ativa na memória, a exemplo de quando se assiste a um filme, um telejornal ou uma novela. E é claro que como não se pode mandar nos sonhos, não se pode determinar uma trajetória para os sonhos, é possível haver a junção de dois ou três destes fatores ou ainda outros diferentes, porque nao se pode rotular, estigmatizar as manifestações do plano espiritual; tudo acontece muito rápido, instantâneo, na velocidade da luz, num fluir incessante, contínuo, perpétuo, vinculado à individualidade de cada ser humano. Os espíritos das trevas, por serem desprovidos de corpo físico, precisam de um corpo alheio (que neste caso se transforma numa cavalgadura) para se manifestar. O maligno não pode usar um espírito por ser inviável. Impossível um espírito incorporar num outro espírito, e por este motivo está sempre tentando, está sempre buscando formas de usar o corpo e a mente dos seres humanos; É terrível, chocante, mas é a realidade.

Sendo assim, durante o sono é possível que um espírito das trevas adentre sorrateiramente teu corpo, que é teu veículo, provocando sonhos indesejáveis. Às vezes o demônio vem ministrar aquilo que ele queria que tu fizesses, todavia sabes que jamais irás fazer, ou inculcar medos, sentimentos e impressões negativas. Por isso é necessário orar antes de dormir para ter a proteção divina, mas não orar meramente de boca e sim com a alma e com o coração, a fim de equilibrar tuas energias antes do repouso e ter registrado na mente, como última imagem, teu colóquio com o PAI Celeste. Agora vos explico da parte de meu PAI no que consiste o poder mental. O poder mental é o poder cósmico, o poder que vivifica o espírito, e a ele está ligado o poder da palavra e o poder que nos movimenta. O poder mental vem do cosmos; emana das estrelas, dos planetas, das galáxias, enfim, do Universo, e depende da ligação com o espírito. Todos os seres humanos têm o espírito e a mente, mas o poder mental será limitado para cada um de acordo com a lei do carma, está atrelado principalmente à condição espiritual e à evolução de cada indivíduo. Assim compreendereis melhor por que existem tantas diferenças entre um ser humano e outro. Os fatores biofísicos que envolvem a genética, a nutrição, a compleição (constituição física), o ambiente social, entre outros, podem explicar por que às vezes um indivíduo é dotado de raciocínio matemático lógico brilhante e elevada capacidade intelectual, porém continua medíocre, materialista, com limitado poder mental. Assim também existem pessoas que embora não tenham afinidade à erudição, ao intelectualismo, são fartamente dotadas de poder mental oriundas do cosmos, do infinito, devido ao avançado aprimoramento espiritual.

Já no meu caso, que funciona completamente diferente do que para a maioria dos habitantes da Terra, eu explico: vós que me conheceis mais de perto já deveis haver testemunhado como às vezes sou quietinho, manso, frágil igual a uma criança. Todavia, quando estou em público, principalmente se alguém me ofende, aflora-se o leão de Judá (Apocalipse c.5 v.5); nesta ocasião se manifesta o poder mental, o poder cósmico sobre mim, que é o poder de DEUS. Ele simplesmente vem sobre mim e se manifesta, e mesmo que eu tente, não posso controlar esse poder; eis por que digo que não possuo livre arbítrio. Ah! Se eu pudesse controlar esse poder cada vez que alguém chega perto de mim para me aborrecer; eu poderia chamá-lo e dizer: "Tome cuidado, aqui está o poder do leão de Judá". Não é assim, não sou eu que controlo, é meu PAI, SENHOR e DEUS que controla. O poder mental é acoplado ao corpo físico junto com o espírito quando a criança nasce. E assim quando alguém tem uma missão para cumprir, desde criança é diferente das outras crianças, já se diferencia pelo poder mental. Não obstante, esse poder mental é quase nulo, posto que ainda não saiba administrar aquele poder na infância. Irá crescer com aquele poder, alguns percebem que é diferente dos outros; só quando atinge a idade adulta (que pode ser aos 21 anos ou depois) é que o espírito estará preparado para ir lentamente administrando o poder da mente, o poder cósmico que recebeu ao nascer. Quando desencarnar, o espírito carregará consigo o poder cósmico e o que se chama nos ambientes esotéricos de registros akáshicos. A mente se desvanecerá, porque a mente, que está ligada ao ego, morre com o corpo; este será devolvido ao aconchego da mãe Terra, no reencontro místico da renovação. É por esta razão que quanto mais desapegado estiveres do ego, mais facilmente conseguirás render o espírito, menos sofrerás ao desencarnar, ou seja, dormirás o sono dos justos.

Quando reencarnas, recebes um novo corpo da mãe Terra e uma nova mente, não obstante teu espírito é o mesmo e receberá o poder mental, o poder cósmico conforme já expliquei anteriormente. E então tens que começar tudo de novo, pois a mente é outra, é renovada sempre. Se tu foste um cientista na Rússia e reencarnas numa favela aqui no Brasil, é óbvio que quando criança usarás os brinquedos da favela, e não um instrumento da Rússia. Mesmo que seja um espírito evoluído, experiente, a mente se renova e até atingir a maturidade terás que passar por todo um ritual, um processo que concerne também ao crescimento, ao desenvolvimento biofísico, terás que brincar de boneca ou de carrinho, estudar na escola dos homens ou na escola da vida; etc. Essa nova mente cresce e se desenvolve junto com o corpo. A lembrança de outras vidas só acontece quando DEUS decide e se faz mister para se cumprir uma missão, como aconteceu comigo lá em Santiago do Chile. Ao contrário é melhor não lembrar, porque é necessário sofrer tudo de novo, como eu sofri em Santiago do Chile; meu PAI só me submeteu a circunstâncias dolorosas para me dar consciência plena de minha identidade e de minha missão. Então de qual forma a evolução que a pessoa adquiriu numa vida passa para a outra vida? É aí que vêm as três etapas da vida. Primeira, segunda e terceira. A primeira etapa vai até os sete anos; a segunda até os quatorze e a terceira até os 21 e daí para frente. Quando te tornas adulto e teu corpo está biofisicamente completo, que não é aos dois nem aos dez e sim aos 21 anos, estarás preparado e tua nova mente também estará preparada para só então receber lentamente, como sendo num sonho, numa inspiração, as informações que te adaptam e te concernem, de acordo com a divina providência, de acordo com a vontade do teu CRIADOR, de acordo com tua missão, de acordo com teu merecimento, de acordo com o teu carma, enfim, para cada um diferente de novo dentro da lei da igualdade, que consiste unicamente em distribuir-se desigualmente a desiguais na medida em que se desigualam. Daí surge a lei do talento. Se tiveres dom para ser músico, pianista, flautista, não serás feliz ou bem-sucedido sendo banqueiro; tens que seguir tua direção, para tua veia artística. Por isso não adianta um pai decidir que um filho será dentista só porque ele é dentista. Ele pode ter nascido para ser espião, músico, tratorista, boiadeiro...

Quando uma criança de dois, três anos de idade sabe ler, escrever, tocar um instrumento, isso acontece quando recebe adiantado, por razões que só DEUS sabe, algumas informações de adaptação antes dos 21 anos.

Uma das situações mais incríveis, mais chocantes que vivi depois do jejum foi quando constatei que não faz nem um segundo que fui crucificado, posto que no plano cósmico o tempo não conta. Lembro quando estava hospedado nos Alpes do Coronado, em San Jose de Costa Rica, a convite da Elena de Lin, que tinha um vínculo místico muito forte comigo. Estávamos eu, ela e seus filhos, e conversávamos; não tardou eu disse que sairia para andar um pouco descalço, pois na frente de sua casa, que se situava no meio da natureza, havia um terreno grande, espaçoso, e a terra era virgem, pura, limpa. E enquanto eu caminhava comecei a me lembrar de dois mil anos atrás quando caminhava descalço, mas não falei nada para eles. Apenas comecei a pensar comigo: "por que demorei dois mil anos para voltar aqui?", ato contínuo já me veio a lembrança: "mas não levei dois mil anos, só aqui na Terra demorei dois mil anos". Nunca me esqueço desse dia, desse momento.

Por causa da minha missão e condição espiritual, quando criança me acordava de madrugada, as paredes do quarto desapareciam e vinham àquelas visões, aqueles pesadelos terríveis de pessoas gemendo, se arrastando sobre seus próprios membros, destruições em massa... O casal de alemães que me criaram não sabia por que eu acordava de madrugada, o que acontecia comigo;

eu tinha ordem interna de não falar a ninguém. Hoje eu sei que meu PAI estava lentamente me preparando. Depois que jejuei e Ele revelou minha identidade, tudo se esclareceu no meu cérebro, posteriormente só tive aquela última visão no Sacrário concernente ao fim do mundo. Quando vejo essas imagens horrorosas na televisão, para mim chega a ser até um conforto, pelo menos agora estou dividindo com os outros, aquilo que vi durante toda a minha vida. Se eu dissesse essas coisas quando criança, poderiam pensar que eu estava louco, não conseguiriam compreender. Mas agora não, a humanidade está vendo o caos, está sofrendo as desgraças e as consequências da constante violação da lei de DEUS. Com o mundo globalizado, as imagens que hoje vemos aqui na televisão estão sendo vistas por toda a humanidade também. E as forças do mal ficam desesperadas em ver que eu, aparentemente imóvel, estou avançando. Hoje tenho consciência de quanto medo os inimigos da verdade têm da minha imagem. Por um lado tenho o sofrimento de saber que sou odiado por falar a verdade, mas por outro lado, acima do sofrimento, vislumbro o poder de DEUS que criou esta imagem. E um dia esta imagem será vista por toda a humanidade, e se cumpre rigorosamente tudo o que está previsto na Bíblia.

Como já vos disse anteriormente, o espírito é uma partícula do cosmos e de ligação com o cosmos. E mesmo que influenciado pelo equívoco e alienação das religiões, cada espírito que crê em Cristo, que tem fé e devoção por Cristo, é portador de uma partícula cósmica concernente a Cristo. Enquanto sou impedido de falar abertamente e me manifestar a meu povo, todas essas partículas cósmicas que concernem a Cristo, o Filho de DEUS que vos fala, estão nas igrejas e nos templos farisaicos, nas estátuas construídas em meu nome antigo (Jesus), em poder dos que se dizem bispos, padres, cardeais, papas, pastores... enfim, desses que se dizem meus representantes mas na verdade são servos do principado das trevas. Quando chegar o dia do SENHOR, em que meus cabelos estarao da cor da neve (Apocalipse c.1 v.14), falarei para toda a humanidade, e então a partícula cósmica que está em poder daqueles que se dizem meus servos e representantes virá para mim. E nesta condição vereis o Filho do Homem vir sobre as nuvens do céu com grande poder e glória; significa que todas essas partículas cósmicas concernentes ao Filho do Homem que vos fala estarão concentradas no corpo do Filho do Homem. E nesta condição percorrerei o mundo todo num avião a fim de recolher os meus filhos de todos os rincões da dimensão terrestre.

Em 1980, quando eu estava jejuando em Brasília, uma mulher chamada Natanri veio ao meu encontro. Naquele tempo, mesmo sendo depois do jejum, eu me apresentava ao povo como profeta, enviado do ALTÍSSIMO, pois ainda não havia recebido ordem do SENHOR de dizer abertamente quem sou, à exceção de algumas pessoas que Ele designasse. Quando por ordem do SENHOR lhe revelei quem sou, que sou o mesmo que crucificaram, ela disse estupefata: "É muito grave isto que estás me dizendo". Nesta ocasião, eu caminhava com ela em meio à natureza, uma chuva fina caía, e ela disse ainda: "Se estás sozinho, como podes impor que és Cristo, como irás fazer os outros crer que és Cristo?". E então minha boca se abriu e eu lhe disse, da parte de meu PAI, uma coisa muito importante, extremamente chocante: "Hoje estou falando contigo, mas depois vou falar para outras e outras pessoas; agora não posso dizer quem sou, mas vai chegar o dia que vou ter que dizer publicamente quem sou, e quanto mais eu disser, mais pessoas verão quem sou, e quanto mais pessoas virem quem sou, mais será fácil ver quem sou, porque aquele que vê quem sou devolve o que é meu, e quanto mais me devolvem o que é meu, quanto mais pensam em mim como Cristo, o ungido do PAI, mais outros que ainda não viram que sou Cristo, até mesmo meus inimigos, passarão a ver também, e assim sucessivamente... "Este é o elo do amor, o amor que os seres humanos têm por Cristo, e o elo do amor não se desvanece jamais". Nos tempos atuais, até esses pastores que vêm à minha presença, quando estão aqui comigo, perto de mim, eu sinto que, mesmo inconscientemente, eles estão me amando.

Por enquanto é muito difícil minha condição, não posso ser hipócrita nem conivente com esses que usam meu nome antigo (Jesus) para enganar o povo, pois são todos ladrões que estão com a minha riqueza, que é também a riqueza de meus filhos. Assim podeis compreender por que naqueles dias eles virão dizer: "Senhor, Senhor, não curamos nós em teu nome, e em teu nome expelimos os demônios, e em teu nome operamos inúmeros milagres?", ao que lhes direi bem alto: "Não vos conheço, apartai-vos de mim, vós que praticais a iniquidade" (Mateus c.7 v.22 e 23). Mas meu PAI, grandioso, bondoso e perfeito, me submeteu durante longos anos à cruel e gélida reprovação de meuscontemporâneos, ao desprezo desta geração de corações duros, a fim de me dar autoridade, segurança, discernimento no afã de proceder ao justo juízo. "Segunda vinda de Jesus: Mas primeiro (antes do seu dia de glória) é necessário que o Filho do Homem sofra muito e seja rejeitado por esta geração.

Assim como foi nos tempos de Noé, assim será também quando vier o Filho do Homem..." (Lucas c.17 v.25 a 35). E então, quando chegar o dia do SENHOR, em que serei visto e reconhecido por toda a humanidade, para muitos será tarde, tarde demais: todo ódio, desdém, indiferença... serão transformados em amor impossível. E no resplandecer da justiça divina, a glória me amará".

A Lei de Deus

"Eis que vos dou a conhecer meu PAI, o DEUS que fez os homens, e vos exorto a repudiar o Deus que os homens fizeram"

Assim falou **INRI CRISTO**:

Por que, meus filhos, apesar de todo o progresso da civilização contemporânea, paradoxalmente os seres humanos vivem cada vez mais desorientados, solitários, angustiados, desiludidos, desesperançados, amargurados com a vida, descrentes no CRIADOR? Porque, órfãos da espiritualidade, conhecem apenas o Deus que os homens fizeram. Desconhecem o DEUS que fez os homens, meu PAI, Supremo Criador e único SENHOR do Universo. Há dois mil anos, eu disse: "Ninguém conhece o Filho senão o PAI; nem alguém conhece o PAI senão o Filho, e aquele a quem o Filho o quiser revelar" (Mateus c.11 v.27). Eis que estou de volta e vos dou a conhecer meu PAI, o DEUS que fez os homens, e vos exorto a repudiar o Deus que os homens fizeram. Meu PAI reenviou-me a este mundo com a missão de reconduzir, reconciliar os seres humanos no caminho da luz, restabelecendo o império da lei divina sobre a Terra. E assim vos tentarei explicar com simplicidade como é DEUS, como funciona o mecanismo da lei de DEUS a fim de caminhardes com firmeza e segurança, conscientes das consequências de vossos atos sobre vossas vidas e do propósito de vossa existência, que pode ser para expiar pecados, evoluir ou cumprir uma missão sob a ótica dos desígnios de DEUS. Cada ato que praticais, cada palavra que proferis, cada pensamento que emitis está sujeito à lei de DEUS, ou seja, a sofrer as consequências do mecanismo da lei de DEUS.

Desde a infância vossos genitores vos ensinaram, porque assim também eles aprenderam, que DEUS castiga, pune, ameaça, vinga. Mas em verdade vos digo: esse não é o meu DEUS, esse não é o DEUS que fez os homens, e sim o Deus que, embora na ignorância, os homens fizeram. Esse é um Deus tacanho, mesquinho, medíocre, cruel, impiedoso, tirano, vingativo, enfim, um Deus imperfeito, que necessita de uma "mãe" como intermediária entre si e os homens. O DEUS que vos dou a conhecer é o DEUS da perfeição, o DEUS da sabedoria, o DEUS da justiça, o DEUS do amor, incomensurável, indescritível, inefável. Mas ainda assim, mesmo que de forma singela, vos tentarei explicar como Ele é. Imagine em cada ser vivente integrante da ecologia um ponto luminoso, desde os minúsculos seres habitantes do mar, das cavernas, dos penhascos, das florestas, das colinas, dos desertos, das geleiras... subindo a escada evolutiva até chegar aos seres humanos, o que se somaria em dezenas de trilhões de pontos luminosos; imaginai ainda a extensão desses pontos luminosos sobre toda a superfície da Terra, desde os lugares mais frios, escondidos, inóspitos, até as vastas extensões expostas aos resplandecentes raios do sol. E mais ainda, imaginai sua extensão em toda a vastidão do mar, depois na atmosfera terrestre, em nosso sistema solar, e por fim ao infinito Universo como um todo. Então a soma de todos esses pontos luminosos juntos pode ser considerada a expressão de DEUS. Dessa forma Ele é onisciente, onipotente, onipresente. E assim, meus filhos, quando viveis em simbiose, em harmonia com DEUS, quando orais com fervor e devoção diretamente para Ele como vos ensinei, sem intermediário, enfim, quando vos conscientizais da presença do Eterno em vossos corpos e em todos os lugares, então estais atraindo para junto de vós esses pontos luminosos que vos transformam em seres iluminados, inspirados e vos conectam mais ainda ao ALTÍSSIMO, O Supremo Criador. Esse é o paraíso situado no cérebro e no coração de cada filho de DEUS ao viver dentro da lei divina.

Muitos já falaram dos mandamentos da lei de DEUS constantes na Bíblia Sagrada. Os mandamentos foram dados por DEUS sim, mas até agora ninguém vos pôde explicar o significado, porque os deveis cumprir. Guardar os mandamentos não é meramente uma questão de obrigação, cumprir dever para com o SENHOR, tampouco fugir da punição inerente à desobediência. Os mandamentos foram estabelecidos a fim de propiciar aos seres humanos um parâmetro de comportamento no intuito de que haja paz e harmonia nas relações sociais. Porém, é um equívoco acreditar que toda a lei de DEUS e a sabedoria estão transcritas meramente nas Sagradas Escrituras. A bem da verdade, se fosse para escrever detalhadamente toda a lei de DEUS, que se estende a todo o Universo, a Bíblia não caberia numa biblioteca inteira. Na ocasião em que os dez mandamentos foram dados por DEUS, o povo daquela época ainda não estava preparado para compreender o profundo significado oculto por trás de cada um deles. Ainda há dois mil anos, eu disse aos discípulos: "Muitas coisas tenho ainda a vos dizer, mas vós não as podeis suportar agora" (João c.16 v.12). E só agora vos posso explicar da parte de meu PAI a razão de cumprir os mandamentos, de viver dentro da lei constante nas Sagradas Escrituras, coerente com o que eu disse há dois mil anos: "Não julgueis que vim para abolir a lei ou os profetas; não os vim para abolir, e sim para os cumprir" (Mateus c.5 v.17).

Citarei alguns exemplos a fim de facilitar a compreensão. O mais importante mandamento da lei divina é: "Tu adorarás a DEUS só e o amarás antes de tudo". Em Êxodo c.20 v.4, está escrito: "Não farás para ti imagem de escultura, nem de figura alguma do que há em cima no céu, e do que há em baixo na terra... Não adorarás tais coisas nem lhes prestarás culto". Inúmeras outras vezes o SENHOR adverte de forma severa e veemente quanto ao pecado da adoração de ídolos, imagens, estátuas, particularmente em Levítico c.26. Assim disse o SENHOR: "Eu sou o SENHOR, vosso DEUS. Não fareis ídolos para vós nem imagens de escultura para adorardes. Porque Eu sou o SENHOR vosso DEUS. Guardai os meus sábados, tremei diante de meu santuário. Se andardes conforme os meus preceitos, se guardardes os meus mandamentos e os praticardes, Eu vos darei a chuva no seu tempo, a terra dará seu produto e as árvores se carregarão de frutos. Comereis vosso pão à saciedade e caminhareis na vossa terra sem temor. Se porém não me ouvirdes, mas procederdes contra mim, também Eu procederei contra vós; com furor inimigo vos visitarei prontamente com a indigência e vos castigarei com sete pragas por causa de vossos pecados até o ponto de comerdes a carne de vossos filhos e de vossas filhas. Destruirei vossos altos e quebrarei as vossas estátuas. Vós caireis entre as ruínas de vossos ídolos e a minha alma vos abominará". Quem lê esse texto, inevitavelmente pensará: "O SENHOR disse que se eu adorar estátuas serei castigado ficando na miséria e indigência até o ponto de comer a carne de meus próprios filhos. Ah, meu DEUS, não devo, não posso violar a lei. E o SENHOR também disse que se andássemos conforme Seus preceitos, Ele daria a chuva no tempo propício, a terra daria seu produto e as árvores seus frutos...". O que realmente significa esta advertência? Será que DEUS é tão impiedoso que chegaria a castigar de tal forma os homens? É realmente DEUS quem precisa da adoração e veneração dos seres humanos direcionada unicamente a Ele? Então se faz mister interpretar, compreender o significado dessas palavras. A síntese da lei divina é ação e reação, causa e efeito. É a lei do retorno, ou lei do carma, prevista desde os primórdios da humanidade: "Tu és pó, do pó tu foste tomado e ao pó retornarás" (Gênesis c.3 v.19).

É a lei do Talião: "Olho por olho, dente por dente, uma vida por uma vida" (Êxodo c.21 v.23 e 24). Tudo que fizerdes, pensardes, falardes de bem voltará a vós em forma de bênção, seja nesta ou em posterior encarnação, posto que a lei da reencarnação é indissociável da lei divina. E tudo que fizerdes, pensardes, falardes de mal automaticamente voltará para vós em forma de castigo até aprenderdes a viver dentro da lei. Mesmo o castigo recebido faz parte da perfeição divina; não é por ódio, maldade ou vingança, e sim no intuito de não mais pecardes e vos fortalecerdes contra o maligno. Vale lembrar uma vez mais: pecado é tudo que fizeres que fará mal a ti ou a outrem. Tudo que fizeres que não faz mal a ti nem aos outros não é pecado. DEUS é tão perfeito e Suas leis tão perfeitas que Ele não necessita descer das culminâncias de sua santa majestade a fim de castigar, punir os homens. Ao contrário: Ele é tão bondoso e misericordioso que propiciou a existência de um árbitro divino peremptoriamente de plantão no interior da cabeça de cada ser humano, ou seja, é o próprio ser humano quem aciona o castigo de acordo com a violação da lei, ou a bênção ao caminhar dentro da lei. Mesmo estando num recinto isolado, sem qualquer testemunha, mas desde que seus olhos viram a consciência lhe acusará e então, automaticamente, estará sujeito à reação do ato praticado. Quando se diz que DEUS castiga, na realidade a lei divina é acionada e o infrator inevitavelmente receberá o castigo, que vem na hora certa, nem um minuto antes ou depois. Portanto, não é porque infringistes a lei ao adorar ídolos que o SENHOR Todo-Poderoso, Criador Supremo, irá se preocupar em vos castigar com a indigência. DEUS é tão perfeito e criou as leis tão perfeitas que, de acordo com a violação da lei, o castigo, o débito é automaticamente imputado ao infrator. Por que é pecado adorar estátuas? Cada vez que um ser humano se ajoelha diante de uma maldita estátua virando as costas para DEUS, ele está direcionando ao ídolo suas energias mais sagradas, as quais deveria tributar unicamente ao SENHOR. A estátua, por ser cega, surda e muda, não lhe pode ouvir nem abençoar. Se, ao contrário, adorar e venerar unicamente a DEUS, invisível como o ar, mas vivo em cada partícula do corpo humano, de acordo com a lei do retorno, automaticamente receberá a benção celestial; só através do ALTÍSSIMO existe a reciprocidade. Enquanto a pessoa não tem consciência da lei, ela é protegida pelo benefício da ignorância; ao pedir às estátuas uma benção ou proteção, na verdade é o SENHOR misericordioso quem abençoa. Portanto, não é DEUS quem precisa do louvor dos seres humanos, e sim os seres humanos necessitam adorar unicamente a DEUS a fim de receber as dádivas celestes. Todas as civilizações, até hoje, decaíram e morreram, por mais magnificentes que tenham sido em sua glória, por mais difícil que tenha sido acreditar na possibilidade de sua extinção. Não por acaso, o único povo da Antiguidade que conseguiu manter-se unido até hoje foi o povo judeu; apesar de todos os seus pecados, perseverou fiel em adorar unicamente ao SENHOR DEUS, meu PAI.

As perfeitas, eternas e imutáveis leis de DEUS existem desde o princípio da criação e até hoje estão em vigor. Mesmo daqui a milhares de séculos continuarão existindo e regendo o Universo. Estão no livro aberto da sábia natureza vivente, na exatidão da complexa matemática que explica os fenômenos físicos, químicos e biológicos do Universo, nas sutilezas das energias no plano espiritual, na vida do homem em sociedade. A interpretação da lei divina pode variar de acordo com as circunstâncias geográficas e sociais de cada povo em cada época, ou seja, ela se adapta a qualquer situação no tempo e no espaço. Por este motivo, de tempos em tempos, DEUS envia Seu mensageiro com a missão de interpretar e ensinar Sua santa e eterna lei aos homens. Os fariseus, na cegueira espiritual em que vivem, erram na interpretação da lei levando a Bíblia ao pé da letra. A Bíblia sem a inspiração divina é meramente um livro de letras mortas; deve ser analisada e interpretada com a anuência de DEUS. O que pode ter sido necessário em uma época nem sempre é salutar no presente. Se Lot teve relações carnais com as filhas a fim de dar continuidade à prole, isso não significa que todos os genitores devam ter relações com suas filhas. Ou se o povo hebreu precisou usar de violência a fim de libertar-se da opressão e jugo estrangeiros, isso não quer dizer que o mundo tenha de viver eternamente em conflitos. E o que se pode explicar no presente à luz dos conhecimentos científicos, obviamente não podia ser compreendido da mesma forma em tempos remotos. Porque em

verdade vos digo: a verdadeira ciência jamais se choca com a sabedoria, a verdadeira teologia. E a verdadeira teologia jamais contradiz a verdadeira ciência. Os povos primitivos não dispunham dos recursos da ciência moderna para ajudá-los a explicar a origem do mundo e da vida, e então DEUS inspirou-lhes a escrever de uma forma simbólica que lhes facultasse assimilar a lei dentro dos limites de sua capacidade de compreensão, como se vê no relato do Gênesis e em literaturas de outros povos antigos, porque a verdade é uma só. Os sete dias concernentes à criação e repouso divino foram estabelecidos no intuito de facilitar a vida dos homens, mas na verdade DEUS criou o mundo e o Universo em bilhões, trilhões de anos. Na eternidade o tempo não conta; um dia para DEUS podem ser milhões de anos, assim como mil anos para DEUS são como um dia. Para Ele, não faz nem um minuto que fui crucificado. E quando se diz que o homem foi feito do barro, é porque todos os componentes integrantes do organismo vieram direta ou indiretamente da mãe Terra. Qual mulher pode prover o sustento a sua prole se não recorrer à mãe Terra para se alimentar? Meu PAI não me permitiu estudar nas academias dos homens; Ele me revelou diretamente todas essas coisas a fim de me dar certeza e segurança, e assim vos posso falar com autoridade, porque vos ensino como o PAI me falou.

Várias situações e circunstâncias do mundo contemporâneo que se manifestam contra a lei divina sequer existiam quando a Bíblia foi escrita e organizada, a exemplo da explosão demográfica, banalização da vida pela violência desenfreada, tráfico de drogas, sequestro de aviões, assaltos a bancos, avassaladora devastação da natureza, destruição da camada de ozônio, extinção de animais por intervenção humana, manipulação genética, construção da bomba atômica etc. Mas, como a lei divina é perfeita e eterna, todos esses itens que vos enumerei estavam previstos pelo cálculo que meu PAI realizou e me mostrara já há dois mil anos. Eis por que tudo que eu disse aos discípulos com relação ao meu retorno está se cumprindo rigorosamente: "E ouvireis falar de guerras e de rumores de guerras, e se levantará nação contra nação, e reino contra reino, e haverá fomes, pestilências, e terremotos em diversos lugares... Todas essas coisas são o princípio das dores" (Mateus c.24 v.7 e 8). Nada do que está acontecendo na sociedade é fruto de castigo divino aos homens, e sim a consequência do que o próprio ser humano semeou ao voltar-se de costas para DEUS, fazendo mau uso do livre-arbítrio. A ciência tornou-se senhora do homem; as máquinas que inventou já estão além de sua capacidade de controle. A ciência tem em seu poder a existência do homem e a raça humana está na iminência de cometer suicídio explodindo o mundo. "Se não se abreviassem aqueles dias, não se salvaria pessoa alguma; porém, serão abreviados aqueles dias em atenção aos escolhidos." (Mateus c.24 v.22).

Voltando aos mandamentos constantes nas Sagradas Escrituras, na Bíblia está inúmeras vezes escrito: "Guardai os meus sábados", "não esqueçais de santificar o dia de sábado", "o sábado é o dia do SENHOR" etc. Mas não está explicado o motivo. Quem guarda o sábado consciente de que este é o dia consagrado ao SENHOR viverá uma melhor semana e terá a benção de DEUS em forma de rendimento no trabalho, prosperidade nos negócios e na família, proteção espiritual etc. Qualquer trabalho deve ser executado no sábado somente face à impossibilidade de adiar. E aqui entra a adaptação da lei devido às circunstâncias sociais: a sociedade contemporânea herdou da igreja romana, que por sua vez incorporou do paganismo, o tradicional erro histórico que mudou o dia de descanso de sábado para domingo. Dessa forma, quem é obrigado a trabalhar no dia do SENHOR devido à exigência do emprego, que lhe provém a subsistência, está dispensado. O SENHOR DEUS, meu PAI, bondoso e misericordioso, não lhe considera culpado já que depende disso para sobreviver. Então surge a pergunta em vossas cabeças: "Por que é necessário guardar o sábado? Por que não se pode trabalhar no sábado? Por que DEUS precisa do sábado?" Prestai atenção na interpretação da lei: significa que sábado é o dia de pensar em DEUS, meu PAI, mais do que nos outros dias. Nem sempre quando estais ocupados no labor, seja na construção civil, nos afazeres domésticos, no trabalho intelectual e até mesmo dirigindo um automóvel podeis pensar no SENHOR da mesma forma como pensaríeis se não estivésseis trabalhando, porque ninguém tem dois cérebros. Uma vez que tendes um único canal de pensamento, o sistema neuronial demanda que vos concentreis em uma coisa de cada vez. Por mais que começastes uma obra pensando no SENHOR, se quiserdes obter bons resultados, no período do labor não conseguis ao mesmo tempo proceder a uma operação delicada, tirar uma medida com precisão ou dirigir um automóvel e pensar no SENHOR como podeis pensar no dia de sábado. Então no dia de sábado, já que não ireis trabalhar, ide ao vosso alojamento, no quarto; orai, pensai n'Ele e vinde aqui na casa d'Ele. E então a semana inteira será melhor para vós. Eis aí o significado do dia de sábado. Poderíeis pensar: o sábado é do SENHOR, o SENHOR reservou para Ele e pronto. Mas não é assim; há uma explicação, uma razão de ser. Não trabalhando no dia do SENHOR, fatalmente lembrareis: "Por que não fui trabalhar? Ah, porque hoje é o dia do SENHOR". E então já começareis a lembrar d'Ele e pensar n'Ele mais do que nos outros dias, renovando a simbiose com o ALTÍSSIMO, meu PAI. Como fazer bom uso desta explicação que estou vos dando? Conhecei a lei e vivei dentro da lei, e então em tudo que fizerdes daqui para frente tereis segurança, sentireis o poder de DEUS sobre vós. E mais uma vez carece que vos explique como DEUS vos abençoa, posto que alguém dentre vós pode pensar assim: "Ah, então nesse caso DEUS irá preocupar-se comigo, DEUS estará me vigiando pessoalmente a fim de que tudo suceda bem". Prestai muita atenção e assim compreendereis como funciona o mecanismo da bênção de DEUS. A energia cósmica, o infinito, enfim, o poder das bênçãos de DEUS, funciona da seguinte forma: quando chove, se caminhais em direção à chuva vos molhais, se permaneceis num recinto coberto não vos molhais. Ou então se vos expuserdes ao sol, recebereis os raios solares sobre vossos corpos diretamente; se ficardes na sombra não sereis beneficiados. Assim é a lei de DEUS. Se caminhardes dentro da lei, recebeis a bênção do céu, assim como recebeis do sol os raios solares, ou a água da chuva em vos expondo a ela. É por força de expressão que se diz: DEUS abençoa, DEUS castiga. Na verdade, ao caminhar dentro da lei, vós é que fostes lá onde está a bênção de DEUS, seja dentro de vossas casas, no quarto, no leito, até mesmo no banheiro. Enfim, onde quer que estiverdes a bênção virá sobre vós. Eu vos falo metaforicamente que deveis ir até a chuva para vos molhar ou ao sol para vos aquecer. Mas no caso da lei de DEUS, aonde quer que estejais esta chuva e este sol vos alcançarão, sereis atingidos pelos luminescentes raios da lei. E cada vez que vindes aqui no dia de sábado, renovais a comunhão com o ALTÍSSIMO e aprendeis sempre mais e mais a viver dentro da lei.

Há dois mil anos perguntaram se eu sabia qual era o mais importante mandamento; respondi-lhes: "Amarás o SENHOR, teu DEUS, de todo o teu coração, de toda a tua alma, de todo o teu espírito". O segundo é semelhante a esse: "Amarás o teu próximo como a ti mesmo" (Mateus c.22 v.37 a 40). Disse ainda que destes dois mandamentos depende toda a lei e os profetas. Por quê? Se cumprirdes o primeiro mandamento e amardes a DEUS antes de tudo, por amor a Ele e a Suas santas e eternas leis não pecareis invejando vossos irmãos, pois cada vez que desejais as coisas alheias, além de estar desconfiando da generosidade de DEUS, arremessais na direção do invejado a parte mais preciosa de vossas energias e vos tornais fracos, vulneráveis; eis onde está o pecado. Se cumprirdes o primeiro mandamento, por amor a DEUS não matareis; por amor a DEUS não odiareis qualquer criatura, por amor a DEUS não perseguireis ninguém, não fareis injustiça a ninguém, e assim por diante. Eis por que o primeiro mandamento é o mais importante de todos e deve ser compreendido e assimilado por cada filho de DEUS, por cada cristão. Eu estou aqui da parte de meu PAI para simplificar a lei divina aos seres humanos, já que a simplicidade é o derradeiro estágio da sabedoria. Não é necessário ler livros e livros para conhecer a lei de DEUS. Por isso eu disse há dois mil anos: "Bem aventurados os pobres de espírito, o Reino dos céus será deles" (Mateus c.5 v.3). Os pobres de espírito não estão cheios de fantasias na cabeça, a qual tem espaço reservado para receber a luz; eles estão aptos a aprender a lei diretamente do Filho de DEUS que vos fala. Os considerados ricos de espírito na realidade "engoliram" dezenas de livros e até enciclopédias; e então em suas cabeças já não há mais espaço para a luz, a sabedoria divina, que não se aprende meramente em livros de letras mortas.

Rogo a meu PAI, SENHOR e DEUS que vos inspire e ilumine com o dom de compreender minhas palavras, e assim sereis fortes e felizes, dignos de integrardes o Éden e de serdes chamados filhos de DEUS.

Parábola da Banana

Assim falou **INRI CRISTO**:

Meus filhos, se desejais saber quais as propriedades e vitaminas que contém a banana, vós não podeis examinar um abacaxi, uma melancia ou mesmo uma pedra, pois se quereis saber sobre a banana tereis que examinar a banana. Procurai imaginar como seria uma loucura, insano o cientista, o pesquisador que, ao invés de examinar a banana a fim de conhecer suas qualidades, suas riquezas, fosse analisar o abacate, o abacaxi, a laranja ou quiçá uma pedra para saber o valor nutritivo da banana. Ou ainda quão insano seria o cientista ou pesquisador que, no afã de desvendar os mistérios de uma enfermidade incurável, indagasse o agente emissor da enfermidade em busca de informações acerca da doença quando o correto seria investigar a vítima sobre a danosa moléstia. Ora, o agente malévolo jamais revelaria o segredo do antídoto!

Assim é também no caso do Unigênito de DEUS que vos fala: só investigando junto a meu PAI, SENHOR do Universo, que é em mim, observando os mistérios d'Ele que regem a Santíssima Trindade, podereis compreender e então assimilar o milagre que Ele, meu PAI, realizou, restituindo ao meu corpo o que Ele havia extraído para formar a Eva. Quando me chamava Jesus, já havia reencarnado como andrógino e quem me olha vê que sou o mesmo, ou seja, Adão e Eva unificados num só corpo, como eu era antes do mundo existir, antes da Eva existir, como está escrito no santo livro de Gênesis.

E todos aqueles que veem o meu rosto e ouvem a minha voz e em seguida vão procurar os inimigos do Reino de DEUS: sacerdotes da proscrita igreja (declarada proscrita pelo ALTÍSSIMO no dia 28/02/82)– vendilhões de falsos sacramentos, delinquentes exploradores da fé–, os falsos profetas – impostores que se autonomearam pastores, chantagistas de dízimo –, que se servem de DEUS em vez de servi-lo, usando o meu nome antigo (Jesus), dizendo-se meus servos quando em verdade servem ao Kajowo (belzebu), príncipe das trevas, a estes serão ministradas em suas orelhas as mais terríveis abominações e injúrias contra mim, porque, ao invés de questionar-me pessoalmente, preferem consultar os agentes do mal, transmissores de esquizofrenia, lobos com pele de ovelha, inimigos do Reino de DEUS. Sensato foi Nazareno Tourinho (escritor da Academia Paraense de Letras, pesquisador de religiões e fenômenos paranormais), que, questionado a respeito da minha identidade pelo apresentador Elói Santos da TV Guajará canal 4 (Belém do Pará), ao ser indagado: "INRI CRISTO é ou não é o CRISTO?", respondeu dizendo: "INRI sofre toda sorte de perseguições como CRISTO; é caluniado, odiado, invejado e amado como CRISTO; fala com autoridade, veemência e ensina como CRISTO; sua fisionomia, seu rosto, seus cabelos são iguais aos de CRISTO; se veste com uma túnica branca igual à de CRISTO e uma sandália singela de couro igual a de CRISTO; cura os enfermos com as mãos igual a CRISTO. Agora, se ele é CRISTO ou não, só ele pode responder. Pergunte a ele, pois a minha opinião não conta".

Qualquer ser humano sensato que tem consciência de que a coerência, a lógica e a verdade são indissociáveis, antes de me julgar vem me questionar e facilmente perceberá que respondo qualquer pergunta sem dogmas, sem subterfúgios, sem superstição, sem fantasia, e consequentemente perceberá que voltei a este mundo sem livre arbítrio tão somente para executar a vontade de meu PAI, SENHOR e DEUS, que é em mim.

O Espírito Evoluído

Assim falou **INRI CRISTO**:

"O espírito evoluído não se deixa influenciar por interferências externas, ele raciocina, conduz o cérebro a raciocinar individualmente, sedimenta um caráter inabalável na personalidade do titular. O espírito evoluído é sábio. Sábio é alguém que tem um espírito evoluído. O que estou vos falando não está relacionado a diploma, a curso universitário, a escolas iniciáticas, embora também existam diversos acadêmicos evoluídos espiritualmente. Às vezes, o espírito evoluído reencarna num índio, num camponês ou até no nativo de uma favela. Há muitos espíritos que, justo por serem evoluídos, desenvolvem atividades acadêmicas para melhor utilizar o potencial, obviamente de acordo com a natureza da missão para a qual retornaram à terra. O espírito evoluído pode ouvir serenamente qualquer argumento contrário à sua convicção pessoal e qualquer sandice ou imbecilidade sem se abalar e na sequência os rebaterá à altura incontinenti. Ele não ingere as sujeiras, não se deixa enlamear no interior, na alma, com as imundícies externas provenientes do maligno. Justo por ser evoluído, ele pode e deve a princípio conceder atenção a qualquer néscio, a qualquer imbecil, a qualquer "espevô" integrante deste mundo caótico até formar o próprio juízo, no entanto preservará a soberania, a integridade do caráter com o rebate e, mais ainda, com o desprezo quando se fizer mister. Quando percebe que o interventor, o inoportuno agressor, o obsessor ainda é um ser rastejante e não conseguirá jamais, ao menos na presente encarnação, assumir uma posição vertical, ele simplesmente se afasta, sem ódio, sem mágoa, sem raiva, como quem se afasta de um verme, de um ser abominável. Assim procede o espírito evoluído.

Todavia, os espíritos ainda em transição, ainda em busca do saber, da ascensão, correm um grande perigo de ser abduzidos numa cilada, numa armadilha satânica ao aceitar uma invencionice, uma mentira, uma calúnia proferida pelos escravos do maligno, enviados das trevas, contra o Filho do Homem. Assim, após descerem a ladeira da esquizofrenia, podem ficar anos e anos alimentando, nutrindo uma fantasia, uma calúnia, sujeita a rastejar durante toda uma encarnação atrás de fantasias, o que inevitavelmente os afasta da luz. Os que levam a sério minhas palavras perseverarão até o fim fiel a meus ensinamentos e sobrepujarão o assédio do maligno. Quando um espírito evoluído se acerca do Filho do Homem, adentra na intimidade do Reino de DEUS, ele não faz perguntas idiotas, tolas, imbecis. Ele não pergunta do que vive o Filho do Homem, como sobrevive o Reino de DEUS. O espírito evoluído é inspirado por DEUS e compreende que a SOUST vive sob os auspícios da graça divina, ele assimila que o ALTÍSSIMO inspira justamente os espíritos evoluídos e em evolução para que contribuam com a provedoria da casa do SENHOR propiciando a subsistência do Reino de DEUS. E eles, por serem evoluídos, têm consciência de que a lei divina é perfeita e que de acordo com o que contribuem – obviamente nos limites das posses, das condições sociais de cada um – será o quanto receberão; se almejam receber uma bênção, de acordo com o que ofertam será medida a intensidade da bênção. Por serem dignos, meu PAI, SENHOR e DEUS lhes dá consciência de que o mecanismo da lei divina é perfeito. O espírito evoluído, justo por ser evoluído, é abnegado, cumpre com boa vontade, dedicação, prazer e altruísmo, a missão que o ETERNO lhe confiou, ama sem nada exigir em troca; jamais o espírito evoluído diz, por preguiça de obrar para o bem, que espíritos evoluídos não precisam voltar à Terra. Os espíritos evoluídos não são mesquinhos e compreendem por inteligência que ao participar da provedoria da casa do SENHOR as cataratas do céu lhes serão abertas na forma de bênção divina em suas vidas. "Trazei os dízimos ao meu celeiro, haja alimento na minha casa, depois disso ponde-me à prova e vereis se não vos abro as cataratas do céu, se não derramo minha bênção sobre vós em abundância." – (Malaquias c.3 v.10 e 11).

Quando o espírito é mesquinho, tacanho, medíocre, ao dar uma esmola para a casa do SENHOR, sendo a lei divina justa e perfeita, ele abre as portas cuja espessura propicia tão somente o regresso da esmola, receberá da Divina Providência um óbolo correspondente;quando ele dá uma migalha, receberá uma migalha. E o Filho de DEUS que vos fala; que não possui bens materiais e jamais possuirá, não proíbe os medíocres de dar migalha, mas também não toma consciência de que o avaro doou uma migalha. Quem toma consciência de tudo, quem tudo vê, é o sutil e onipresente olho da Divina Providência, que está embutido justo no olho do ofertante, ou seja, vê através do olho do doador. No momento que o doador está oferecendo uma migalha, ele mesmo está medindo a espessura da fissura através da qual irá minguar, de acordo com a divina lei do retorno, um filete de bênção. Ou seja, se o canal acionado e aberto foi o da generosidade, é através deste que será acionada a lei do retorno em forma de bênção; se foi acionado o canal da migalha, é pelo canal da migalha que virá a retribuição. Isso não sou eu, não é o Filho do Homem quem decide. Eu tão somente cumpro o dever de decifrar e expor o mecanismo da lei divina. A bênção de DEUS se manifesta em forma de energia; se tu pedes ao PAI Celeste uma casa, Ele não joga tijolos lá de cima, nem cimento, nem cal, nem areia. Se pedires ao PAI Celeste um automóvel, Ele não irá jogar pneu, volante, bancos, motor, bateria lá do espaço sideral. Ele derrama sobre ti a bênção, que te tornará mais brilhante, mais eloqüente, mais atraente, mais magnético, e em conseqüência disso gerarás, formarás em volta de ti um campo magnético de energias positivas, seja no recinto de trabalho, seja no ambiente dos negócios, enfim, onde quer que estejas. E assim a bênção se traduzirá em forma de luz e prosperidade, facultando a realização dos objetivos, dos sonhos mais íntimos, mais herméticos do solicitante. Agora, meus filhos, vos é dado saber por que há alguns humanóides que ficam a vida inteira patinando, ingerindo as migalhas que ele próprio expeliu invejando e odiando os vitoriosos, rosnando, resmungando e até maldizendo os céus ao contemplar impotente e desgraçado a vitória dos generosos espíritos evoluídos, enquanto os filhos de DEUS sobem de degrau em degrau a escada do Éden rumo aos píncaros da glória. Eis a decifração do enigma da parábola do talento que proferi quando me chamava Jesus: "Àquele que tem tudo lhe será dado e terá em abundância, mas àquele que não tem, até o que pensa ter lhe será tirado" (Mateus c.25 v.29). Assim podeis compreender, outrossim, por que eu disse há dois mil anos: "Buscai, pois, em primeiro lugar, o reino de DEUS e sua justiça, e todas as outras coisas vos serão dadas por acréscimo" (Mateus c.6 v.33). O espírito evoluído usa minhas palavras como antídoto contra qualquer pensamento tacanho ou ato debilitante. Em qualquer circunstância, mesmo as mais adversas, ele se protege estabelecendo através das orações que ensinei uma simbiose com o ALTÍSSIMO, meu PAI, SENHOR e DEUS, único Ser incriado, único eterno, único Ser digno de adoração e veneração, único SENHOR do Universo".

Macrocosmos e Microcosmos

Um resumo sobre a criação divina

No plano físico, ou seja, no plano da matéria, os macrocosmos correspondem ao Universo, conjunto que compreende a criação divina por inteiro (galáxias, estrelas, planetas, satélites, astros, asteroides, o sol, a Terra, os seres vivos etc...). Não é necessário fazer um estudo profundo de astronomia para compreender o que isto significa. Basta tão somente observar alguns dados elementares e tereis uma diminuta ideia da vastidão do Universo e da criação divina. Em resumo: o universo é formado pelo espaço intersideral, povoado de estrelas e planetas, geralmente agrupados em galáxias. As distâncias são tão grandes, incomensuráveis, que não se calculam em quilômetros e sim em anos luz (1 ano luz = 9.500 bilhões de quilômetros). O universo conhecido e explorado pelo homem, seja por meio de telescópios ou de ondas, tem uma extensão de 30 bilhões de anos luz. Ou seja: se fossem postos, um ao lado do outro, planetas do tamanho da Terra (cujo diâmetro é de aproximadamente 14.000 km), seriam necessários 20 quadrilhões (20 + 15 zeros) de Terras juntas para percorrê-lo de um lado ao outro. Isso tudo, no entanto, não passa de uma minúscula parcela do Universo por inteiro. Aliás, é de certa forma impróprio utilizar o termo "inteiro" (que pressupõe um limite) para definir o tamanho do Universo, posto que ele é infinito, não tem princípio nem fim. Eis um resumo do macrocosmos, o imensuravelmente grande. Por outro lado, o microcosmos é o imensuravelmente pequeno, e corresponde, por exemplo, ao organismo humano: ele é formado de sistemas (nervoso, respiratório, digestivo etc.), que, por sua vez, são formados de órgãos (pulmão, coração, rins, fígado etc.). Estes são compostos de tecidos (epitelial, conjuntivo, cartilaginoso...) e os tecidos são formados de células. As células são constituídas de moléculas, formadas a partir de átomos, e estes compostos de nêutrons, prótons e elétrons... assim sucessivamente. A cada dia sobrevêm novas descobertas, seja na composição do Universo, seja na composição do corpo humano e da natureza. Isto demonstra que a chamada ciência ainda pouco sabe, porque o conhecimento sempre revela novas portas a abrir, novos horizontes a perscrutar...

Tanto os elementos que compõem o macrocosmos como os que compõem o microcosmos estão interligados. As marés são provocadas pela lua que gira em volta da Terra. A Terra e oito outros planetas giram em volta de uma estrela, a que chamamos sol (relativamente pequena em relação à maioria das estrelas conhecidas), formando com ele o sistema solar. Bilhões e bilhões de estrelas, com seus respectivos sistemas, formam a galáxia conhecida como Via Láctea e giram em volta do centro galáctico, e assim por diante... Da mesma forma, os seres vivos vivem em conjunto formando a ecologia, que é a relação existente entre eles, e por esta razão devem viver em harmonia. Os componentes do organismo humano também se relacionam entre si; a saúde do corpo advém da harmonia nesta relação... Se apenas um elemento se desarmoniza com os demais, todo o conjunto será, de uma forma ou de outra, prejudicado.

E o SENHOR DEUS, o Supremo CRIADOR do Universo, onipresente, onipotente e onisciente, está presente em cada partícula do imensuravelmente grande assim como do imensuravelmente pequeno, ou seja, Ele está tanto em cada partícula constituinte dos animais, dos vegetais, dos minerais como nos planetas, nas estrelas, nas galáxias. Muito embora os seres humanos não o sintam, não o vejam, não tenham consciência de sua presença e magnitude (à exceção de alguns poucos a quem Ele dá-se conhecer), Ele está presente e vive no interior de cada ser humano, de cada minúsculo animal, de cada partícula da Terra, de cada gota d'água do oceano, de cada hausto de ar que respiramos e nos dá vida... A criação inteira, desde o imensuravelmente grande ao imensuravelmente pequeno, foi feita para funcionar harmoniosamente, regida pela perfeita lei divina. Equilíbrio e harmonia são as manifestações da perfeição. Por este motivo INRI CRISTO disse quando se chamava Jesus: "Sede, pois, perfeitos, como também vosso PAI Celeste é perfeito" (Mateus c.5 v.48). A fim de se coadunarem com o CRIADOR e agradar aos seus santos olhos, os seres humanos devem viver em equilíbrio e harmonia. Assim serão dignos de integrar o Éden e de serem chamados de filhos de DEUS. Erguei vossos olhos para o firmamento quando a noite encerra a cortina da luz solar, que causa embotamento à delicada lente da retina. Podereis ver, com olhar atento, na abóbada infinita e cristalina, milhões, bilhões de estrelas, com seu brilho argento, regidas por perfeita disciplina. Ireis sentir de pronto a pequenez da ciência humana face à imensidão de uma forma e vida que uma força fez. Uma força que expande os planos seus, deixando em tudo o toque da razão de um ser perfeito, a quem chamamos DEUS.

O Macrocosmos

Assim falou **INRI CRISTO**:

O primeiro e único espírito que existe é o de DEUS. Ele é o macrocosmos, causa e princípio de tudo, único ser incriado, único eterno, único ser digno de adoração e veneração, único SENHOR do Universo. Todos nós somos uma partícula do espírito de DEUS, somos o microcosmos. Esta centelha divina anima o corpo físico, todavia continua fazendo parte do CRIADOR porque Ele é onipresente. "O espírito de DEUS vivifica o corpo dos seres humanos e dos animais, porque a vida de toda a carne está no sangue." (Levítico c.17 v.14). Somos todos impelidos pelo sopro divino, que originou a vida e animou todas as criaturas que se movem sobre a Terra.

Da mesma forma que o sol emite seus resplandecentes raios para dar vida às plantas, aos animais, aos seres humanos, assim também DEUS emitiu uma partícula de seu espírito para dar vida aos seres viventes que habitam a Terra. A luz do sol vos enreda, vos alimenta, vos fortifica, vós o podeis sentir bater em vossa pele. Mesmo estando tão longe, o sol pode ser visto pelos vossos olhos, entretanto é uma ínfima parte da criação de DEUS.

O SENHOR Todo-Poderoso é eterno, inefável, indescritível, incomensurável. Vós não o podeis ver, no entanto Ele habita e está presente em cada um de vós. De forma semelhante, vós não vedes o indispensável ar que respirais, mas sem ele fatalmente desencarnais. Ao mesmo tempo em que DEUS vos parece tão longe, inescrutável, inatingível, na verdade Ele está tão presente, tão perto de vossos olhos que, se vos concedesse abri-los, certamente vos cegaria o brilho da luz emanada do CRIADOR.

Por hora não vos é permitido contemplar diretamente a augusta face do vosso SENHOR e vosso DEUS, pois ainda não estais evoluídos, preparados, dignificados pela purificação espiritual. Mas hoje vós não o vedes nem o ouvis, e é melhor assim. Um dia, porém, o véu que cobre vossos olhos será retirado pelas mãos que o teceram, e a argila que obstrui vossos ouvidos será rompida pelos dedos que a amassaram. Então o vereis, então o ouvireis, e não deplorareis ter conhecido a cegueira e a surdez. Pois, naquele dia, conhecereis a finalidade oculta de todas as coisas e abençoareis as trevas como abençoais a luz. Na criação divina tudo tem um propósito, um significado, uma razão de ser. Mesmo que algo vos aparente estar errado, faz parte de um todo que está certo. Reitero uma vez mais que DEUS é o primeiro e único espírito. Por força de expressão dizeis “o teu espírito”, “o meu espírito”, “o nosso espírito”. Não obstante, DEUS é o único espírito, único ser incriado, e nós somos uma partícula desse imenso espírito. Mesmo que em nós esteja e habite a partícula do espírito divino, esta continua fazendo parte d’Ele. É aí que o ser humano se equivoca ao pensar: “eu sou isso, eu sou aquilo”. Ninguém é nada, só DEUS é tudo. Ele nos emprestou, cedeu-nos essa partícula, esta centelha vivificante que, todavia, sempre pertencerá a Ele.

Mesmo quando o ALTÍSSIMO não recebe um espírito que desencarnou por muito haver infringido a lei, e em consequência o peso dos pecados não o permitiu subir, ainda assim continua sendo parte d’Ele. Tão somente permanece na esfera terrestre a fim de ser purgado, lavado, higienizado até evoluir e descartar-se da dívida carmática para conseguir subir ao plano cósmico, ao infinito junto ao PAI Celeste. A fim de que sejais dignos do SENHOR, vosso DEUS, esforçai-vos por cumprir o que eu disse há dois mil anos: “Sede perfeitos como vosso PAI Celeste é perfeito” (Mateus c.5 v.48), que não é um mero conjunto de palavras bonitas e sim um fragmento da lei divina. Consiste em guardar, de corpo e alma, os santos mandamentos e praticar as grandes virtudes humanas baseadas no amor de DEUS.

Mesmo o mais imundo, inóspito e repugnante lugar onde possa habitar um ser humano ou um animal, para lá também se estendem os domínios de DEUS. Não obstante, muitas vezes a presença se faz em forma de maldição, que é o desprezo do CRIADOR. É mister que os seres humanos saibam o significado desta palavra para que não violem a lei divina e nunca tenham a maldição, ou seja, o desprezo de DEUS. Ao contrário, ao viver de acordo com a lei, terão sempre a bênção do SENHOR, que se dará em forma de saúde, alegria, prosperidade, vontade de viver...

Há dois mil anos eu disse: "Todas as coisas me foram entregues por meu PAI; e ninguém conhece o Filho senão o PAI, nem alguém conhece o PAI senão o Filho, e aquele a quem o Filho o revelar" (Mateus c.11 v.27). Minha missão é sempre retornar a este mundo para ensinar aos meus filhos o caminho que conduz ao CRIADOR, almejando que voltem à senda do bem viver sob o império da lei. "Eu sou o caminho, a verdade e a vida. Ninguém vem ao PAI senão por mim" (João c.14 v.6). Todos, um dia, voltarão a ser comigo e meu PAI, SENHOR e DEUS na eternidade uma só coisa.

O Terceiro Segredo de Fátima

Extraído da revista Planeta de agosto de 1974

"Foram três as profecias transmitidas pela Senhora de Fátima às crianças portuguesas. A terceira permanece em segredo. Por quê? Que motivos impedem o Vaticano divulgar o terceiro segredo de Fátima? Mas por dedução, conclui-se que o terceiro segredo refere-se à queda da igreja e ao juízo final. Em março de 1967, Paulo VI sofreu um desmaio, enquanto trabalhava em seus aposentos, no Vaticano. Um mês depois, falando à imprensa, o cardeal Fernando Couto, que acabava de renunciar a um alto cargo na "Santa Sé" por motivo de idade, mencionou o fato, relacionando-o com o chamado "Segredo de Fátima", o qual – segundo disse – ficara decidido que não seria mais revelado ao público. Os jornais do mundo inteiro disseram que Paulo VI desmaiou ao tomar conhecimento da terceira mensagem, sentindo-se mal durante o resto do dia. Quando, após a Segunda Guerra Mundial, se verificou que as profecias transmitidas pela irmã Lucia haviam sido confirmadas pelos fatos, de toda parte vieram solicitações para que ela falasse mais minuciosamente a respeito. Agora só restava a terceira mensagem, e seu segredo já não pertencia a vidente, estando em mãos da igreja. Segundo se diz, essa profecia final é terrível em suas previsões."Uma terceira guerra irromperá e tão horrível que poucos sobreviventes haverá na Terra (...) Tremendos acontecimentos virão sobre os seres humanos. Se as organizações eclesiásticas não se transformarem radicalmente, a morte reinará no meio da igreja e os cristãos andarão a esmo, maldizendo o clero.

Terá chegado o fim dos "papas" e os últimos deles gemerão sob dores corpóreas (...) Mas não encontrarão saída. Seu trono cairá." Essa a passagem que teria produzido o choque em Paulo VI... (ao ver que) viria o caos, e uma nova igreja surgiria da catástrofe, para receber os sobreviventes da grande hecatombe.

Na terceira memória, escrita em 1941, Lucia conta uma visão de Jacinta, quando as três crianças ainda pastoreavam nos campos da Estremadura. Depois de algum tempo em silêncio, os olhos perdidos em algum ponto distante, diz Jacinta que viu o "papa". "Não sei como foi – explica a menina – mas vi o "santo padre" numa casa muito grande, de joelhos diante de uma mesa, com as mãos no rosto, chorando. Fora de casa estava muita gente: uns atiravam-lhe pedras, outros rogavam-lhe pragas e diziam-lhe palavras feias."

Alguns dias depois, estando as duas primas passeando, perguntou Jacinta a Lucia se ela devia contar aos outros a visão que tivera do "papa". Lucia respondeu logo:

– "Não. Não vês que isso faz parte do segredo? Que por aí se descobriria o resto?" Jacinta prometeu não comentar com ninguém e realmente nunca o fez. Sua tristeza após as aparições foi percebida por todos. A própria Lucia achou-a muito calada e a interrogou a respeito.

– "Penso na guerra que virá, em que tanta gente há de morrer, em que serão destruídas tantas casas e mortos muitos padres." O terceiro segredo, que contém revelações terríveis demais para poder chegar ao conhecimento dos homens, fala do que acontecerá nos últimos anos, do Juízo Final."

Obs.: A descrição sobre o terceiro segredo de Fátima omite que CRISTO estaria de volta para promover o juízo divino.

O Vaticano é o grande responsável pela ocultação da verdade sobre INRI CRISTO, razão pela qual os cristãos se revoltarão contra o clero quando ocorrer à eclosão do escândalo.

A Grande Revelação de Todos os Tempos

INRI CRISTO responde

Mais de 300 perguntas sem censura

Afinal, quem é INRI CRISTO e o que ele tem a nos revelar? Qual o significado de sua presença na Terra? Em meio a tantos autoproclamados "cristos" e "profetas" que têm surgido nesta transposição de milênios – profecia bimilenar indicando os sinais do fim dos tempos – uma reflexão torna-se inevitável: dentre inúmeros falsos, há que se encontrar o verdadeiro. Mas, de que forma discerni-lo? Usar de critérios exclusivamente materialistas é no mínimo um contrassenso, posto tratar-se de uma questão transcendental e atemporal, que está muito além dos racionalismos e tantos outros "ismos" a que estamos habituados. Nem mesmo a tecnologia, com toda sua eficácia em contornar os problemas humanos, é capaz de fornecer uma solução. Tal resposta só pode ser encontrada no foro íntimo de cada ser humano; há que se ouvir a intuitiva voz do coração usando-se a faculdade do discernimento. Portanto, não é uma questão de crença, proselitismo ou imposição dogmática, e sim facultar aos seres pensantes o esclarecimento, a formação do juízo. Qual será o veredicto público após conhecer as impactantes revelações contidas nesta entrevista?

Há dois mil anos, quando interrogado pelos discípulos sobre os sinais do fim do mundo e de sua volta à Terra, CRISTO respondeu-lhes: "E ouvireis falar de guerras e de rumores de guerras, e se levantará nação contra nação, e reino contra reino, e haverá fomes, pestilências e terremotos em diversos lugares... Todas essas coisas são o princípio das dores" (Mateus c.24 v.7 e 8). Vislumbramos nos dias atuais o inquestionável cumprimento dessa profecia. Num mundo convulsionado por disputas políticas e religiosas, disparidades sociais, total inversão de valores além da crescente avalanche de tragédias naturais agravadas pelo próprio homem, urge que se manifeste uma voz de esperança a fim de nos conduzir, mesmo em meio a tantos equívocos e falsidades, ao vislumbre da verdade.

Em setembro de 1979, durante o jejum em Santiago do Chile, INRI CRISTO teve a revelação de sua identidade como sendo o mesmo Cristo crucificado há dois mil anos, o Messias que a humanidade ainda não está preparada para receber. Em sua longa peregrinação sobre a Terra, INRI já foi questionado por centenas de jornalistas nos continentes latino-americano e europeu e em todas as capitais e principais cidades brasileiras. Esta entrevista é uma síntese das questões mais inquietantes sobre a presença do Messias e sua missão no destino da humanidade. Já que os meios de comunicação em massa, salvo raras e corajosas exceções, estão impedidos de pronunciar-se bem ou mal sobre INRI CRISTO, a internet tem se mostrado a única mídia verdadeiramente livre e imparcial. Desta forma, é facultado aos livres-pensadores distanciar-se das massificantes manipulações midiáticas e assim formar opinião própria sobre tão polêmico assunto.

Para mais informaçoes:
Website: www.inricristo.org.br
email: mepic@inricristo.org.br

Agradecimentos a INRI CRISTO, escola mística SOUST, MÉPIC e LGE Editora.